François Chesnais

TOBIN OR NOT TOBIN?

Porque tributar o capital financeiro
internacional em apoio aos cidadãos

Apresentação de
Maria da Conceição Tavares

Tradução:

Francisco Calheiros Ribeiro Ferreira, Gustavo Maia Jr.,
Rúbia Prates Goldini e Teresa van Acker.

Revisão técnica e de estilo:

Professora Concessa Vaz e Alexandre Comin

Copyright © 1999   todos os direitos reservados

Capa: Gilberto Maringoni
Projeto gráfico e editoração eletrônica: Carlos Tibúrcio
Revisão: Marinete Pereira, com colaboração de Paulo Augusto Ferrarini
Fotolitos: Mercury Digital

---

*A edição brasileira respeitou a opção do autor pelo termo
"mundialização" em vez do mais usual "globalização.*

*A produção deste livro dependeu também do trabalho voluntário
dos integrantes do ATTAC-SP, a quem os editores agradecem.*

Dados Internacionais de
Catalogação na Publicação (CIP)
(Câmara Brasileira do Livro, SP, Brasil)

Chesnais, François
    Tobin or not Tobin? / François Chesnais;
Tradução: Maria Teresa Van Acker ... [et al.]. –
São Paulo: Editora UNESP: ATTAC, 1999. – (Prismas)

    Título original: Tobin or not Tobin?
    ISBN 85-7439-266-8 (UNESP)

    1. Câmbio – Taxas. 2. Finanças internacionais. 3. Inves-
timentos estrangeiros. 4. Mercado de câmbio. 5. Movimento
de capitais. 6. Tobin, james. I. Título. II. Série.

99-4264   CDD-332.4566

Índices para catálogo sistemático:

1. Operações de câmbio: Taxas: Política monetária
   internacional 332.4566
2. Taxa Tobin: Oprações de câmbio: Política monetária
   internacional 332.4566

SUMÁRIO

APRESENTAÇÃO: Maria da Conceição Tavares 4

I – OS DESAFIOS DE UMA PROPOSTA
HÁ MUITO TEMPO ESQUECIDA 9
Garantir a confiança dos investidores e
"acalmar os mercados"? 10
O tributo Tobin, um tributo sobre o capital 12
O contexto e a importância da campanha
pelo tributo Tobin 15

II – ESPECULAÇÃO FINANCEIRA E
APROPRIAÇÃO DE RIQUEZA 19
As etapas da liberalização e da mundialização
financeiras 20
Bancos internacionais e fundos de investimento 22
A dívida pública, fonte do poder dos
fundos de investimento 26
Os especuladores especializados e os fundos
de pensão nas crises cambiais de 1992-1993 31
A dimensão dos ativos dos fundos e a diversificação
internacional dos investimentos 33

III – O TRIBUTO TOBIN E SEUS OPONENTES 39
As amplas oportunidades de especulação criadas
pelo capital financeiro 40
Uma gama de situações diversas por detrás do termo
"especulação" 41
Uma fonte permanente de instabilidade com pouca ou
nenhuma utilidade social21 44
A cobrança, no mercado de câmbio, de ingressos
tão caros quanto os de cassinos 48
Objetivos econômicos e objetivos de solidariedade
internacional 51
O primeiro grupo de objeções: defender a
inviolabilidade das taxas de câmbio flutuantes 53
O segundo grupo de objeções: as dificuldades
práticas de sua implementação 55

IV – "CONTROLAR" OU COMBATER A MUNDIALIZAÇÃO
FINANCEIRA? 60
O sentido das propostas de "reforma" do
sistema financeiro mundial 61
As novas investidas dos "fundos de pensão à francesa" 65
O balanço atual da mundialização e a
engrenagem da recessão mundial 69

Apresentação

UM BOM COMEÇO

A retomada da proposta Tobin tem uma virtude óbvia: ampliar, para além do que sobrou da esquerda mundial, a discussão sobre a necessidade de regular e tributar os rentistas do mundo.

Maria da Conceição Tavares

As políticas de desregulamentação cambial e financeira promovidas pelos EUA foram movidas, não apenas pela sua obsessão neoliberal – tudo à liberdade de capitais, nada ao trabalho organizado – mas pelo desejo da potência hegemônica de retomar o poder financeiro que tinha perdido durante a década de 70 (ver A Retomada da Hegemonia Norte-Americana, 1985, *in* Poder e Dinheiro, Vozes, 1997). Com o regime de câmbio e juros flutuantes, os sistemas bancários – nas praças financeiras clássicas, Wall Street e Londres, e depois em todas as demais praças financeiras do capitalismo mundial - passaram a operar em alta voltagem com os seus mercados "desregulados". Tudo isto levou a uma expansão e concentração da riqueza financeira mundial sem precedentes, acompanhada de sucessivas crises financeiras, não só na Periferia como no Primeiro Mundo. A maioria dos nossos economistas ficou em estado de prostração ou na atitude submissa do "não há nada a fazer" enquanto o pensamento único do "Consenso de Washington" reinava soberano entre as elites globalitárias.

O resumo da "estória" é o seguinte: a partir da década de 70 os EUA abriram seu mercado financeiro. No final (1979) supervalorizaram o dólar, através de um choque de juros, na chamada "diplomacia do dólar forte", e disseram ao resto do mundo: "Venham e me financiem". Os pobres dos japoneses, que têm muito pouca prática internacional, caíram na besteira de entrar no jogo da abertura financeira dos EUA. Entre 1980 e 1985 os bancos japoneses tornaram-se rapidamente "os maiores do mundo", inflando seus ativos com títulos da dívida pública americana, em dólar sobrevalorizado. Com a desvalorização do dólar em 1985 e a brusca valorização do ien (o *endaka*) o sistema bancário japonês sofreu perdas consideráveis e entrou em ondas sucessivas de especulação patrimonial que quase o levaram à ruína. Esta é a raiz da crise na qual o Japão se encontra até hoje. O resultado da diplomacia do dólar e das políticas de desregulamentação que os EUA impingiram ao mundo tornaram-nos, ao mesmo tempo, a nação mais poderosa e a mais endividada da Terra. São hoje os "senhores da guerra" tanto nas armas quanto no dinheiro financeiro internacional.

A "globalização financeira", não é portanto um fato "natural", provocado pelo "mercado", mas foi o resultado deliberado de políticas financeiras da potência hegemônica. Os mercados de câmbio, as bolsas de valores, os mercados financeiros não bancários e, finalmente, os mercados de dívida, não se tornaram "interdependentes" e "globais" apenas pela "natureza expansiva que é inerente ao capitalismo internacional, desde sua origem". São o fruto de uma política defensiva e ofensiva da potência dominante em suas relações com o resto do mundo.

As políticas globalitárias dos EUA levaram a crises sucessivas os seus sócios europeus e japoneses e diplomaticamente (sem disparar um tiro) conduziram à liquidação econômica, política e ideológica o Império adversário, a ex-URSS. A potência hegemônica converteu-se, assim, rapidamente numa potência mundial unipolar de um "sistema imperial". Ela pode dar-se ao luxo de ser o maior país devedor e fazer senhoriagem financeira sobre o resto do mundo; pode dar-se ao luxo de nos obrigar a pagar aos seus bancos dezenas e dezenas de bilhões de dólares por ano, às vezes por mês, como ocorreu na desvalorização do Real de janeiro de 1999 e nos casos anteriores das desvalorizações forçadas das moedas asiáticas. De passagem, a chamada "interdependência" dos mercados de câmbio, juros e dívida pública e as políticas de ajuste do FMI, em seu conjunto, liquidaram qualquer possibilidade, dos países em desenvolvimento, periféricos ou subdesenvolvidos, terem condições de implementar políticas monetárias, fiscais e de crédito autônomas.

Com a sucessão de crises cambiais, bolhas especulativas, crises bancárias e crises fiscais permanentes, as políticas neoliberais aplicadas sob a guarda do FMI e do Banco Mundial conduziram a maioria dos países à ruína financeira e ao desemprego. O impacto "global" destas políticas colocou a "ordem" financeira mundial dos mercados livres, de câmbio e de capitais, sob ameaça permanente. Daí começaram a surgir as propostas de controle. A primeira delas, já tentada na década de 80, foi a da coordenação de políticas macroeconômicas entre os países do G7. Foi a pretexto do controle da "ordem mundial" que a periferia foi enquadrada nas regras do consenso de Washington, passando a obedecer ao FMI nas suas políticas de ajuste permanente. Como elas não funcionaram para impedir a propagação das crises financeiras e de balanço de pagamentos, já há um certo "acordo" sobre a necessidade do FMI ser reformado. Até porque ele não tem fundos suficientes para fazer face a todas as crises que se sucederam na década de 90. A primeira crise "preventiva" que o FMI socorreu foi a do Brasil em 1998; na Rússia ele chegou tarde e teve que comandar uma moratória, e na Ásia não só chegou tarde, como propôs um programa idiota, que fez com que a Coréia não o seguisse ao pé da letra e a Malásia o mandasse para casa, fazendo ela própria o controle de câmbio.

Um outro ponto que tem sido muito discutido é a possibilidade de suspensão do pagamento da dívida externa dos países mais pobres do Terceiro Mundo, desde que seja sob o controle e aceitação da comunidade internacional — leiase G7 e FMI. E finalmente, "para não dizer que não falei de flores", a tributação de fluxos financeiros de curto prazo, a taxa Tobin entrou de novo em moda. Em geral, a esquerda não gosta porque parece ineficaz. No entanto um grande economista francês, indiscutivelmente de esquerda, François Chesnais, escreveu "Tobin or not Tobin", onde discute os prós e contras deste imposto. O didatismo de Chesnais, como sempre, é exemplar. Neste livro, o imposto Tobin é apenas um pretexto educativo para esclarecer as engrenagens da globalização financeira bem como argumentos neoliberais que devem ser atacados.

Qual é a minha opinião ? A taxa Tobin é um imposto "moral", não é difícil de ser cobrado, mas há o problema de quem cobra. O positivo é que ele coloca a discussão sobre a necessidade de regular e taxar minimamente os rentistas do mundo e, por outro lado, faria uma transferência dos ricos para os pobres, pois a transferência que tem ocorrido desde os anos 80 é dos pobres para os ricos. É um imposto eficaz ? Não sei. Mas é preciso começar a discutir, senão fica todo mundo prostrado sem fazer nada. Penso que é preciso regular, mas não se pode esperar o "efeito pós Tobin" ou a nova "arquitetura financeira internacional". É preciso começar já os controles de câmbio nacionais, justamente no caso dos países mais endividados e expostos a crises financeiras cada vez mais graves. É preciso sobretudo atacar de frente o problema da dívida externa, a velha e a nova.

Apóio a taxa Tobin, não porque ela é uma solução, mas porque é um começo. Para resolver efetivamente os problemas, temos de ter consciência que a solução global não é uma brincadeira, já que estamos diante de uma assimetria de poder gigantesca no mundo. A retomada da proposta Tobin (feita em 1972 logo depois da ruptura do sistema de Bretton Woods) tem uma virtude óbvia: ampliar a discussão para além dos limites do que sobrou da esquerda mundial. Essa é a tarefa que o ATTAC se propôs fazer recentemente e Chesnais encaminha neste seu livro de combate.

Rio de Janeiro, 4 de outubro de 1999

I

OS DESAFIOS DE UMA PROPOSTA HÁ MUITO TEMPO ESQUECIDA

É surpreendente, sem dúvida, que no outono de 1998, o ministro da Fazenda e o primeiro-ministro da França tenham decidido, urgente e repentinamente, fazer uma ofensiva contra a proposta de um modesto professor americano de estabelecer um tributo sobre as operações de câmbio. Quantos deputados e senadores tinham ouvido falar de James Tobin antes de serem chamados por Dominique Strauss-Kahn e o Estado-Maior do "*quai* de Bercy", para colaborar na condenação do tributo, quando da elaboração do projeto de lei do orçamento para 1999? Quantos deles têm, ainda hoje, uma vaga idéia que seja da natureza e do significado da proposta de Tobin?

Em 1995, o então candidato Lionel Jospin havia incluído essa medida em seu programa de governo. Nada mais óbvio, vindo de um dirigente socialista. Por um lado, trata-se de um tributo que incidiria de maneira uniforme sobre uma categoria de transação financeira de interesse econômico geral reconhecidamente reduzido. Levando-se em conta a modicidade de sua alíquota (1% na proposta inicial e 0,25% nas atualizações posteriores), o tributo Tobin representa um golpe bem menor à mundialização financeira do que, por exemplo, uma medida como o restabelecimento do controle sobre os movimentos de capitais. Por outro lado, o tributo parece inserir-se perfeitamente nos objetivos de solidariedade e eqüidade reivindicados pela social-democracia européia. Sendo assim, haveria algo mais natural que tributar um pouco o capital e utilizar os frutos deste imposto internacional para financiar programas vitais de ajuda mundial? Que imperativos, então, levaram o candidato socialista a renegar mais este ponto de sua plataforma ao tornar-se primeiro-ministro? A que urgência pensava ele responder, em setembro de 1998, quando pediu a um de seus assessores, Olivier Davanne, que instruísse o processo contra o tributo Tobin em um relatório do Conselho de Análise Econômica?[1]

Garantir a confiança dos investidores e "acalmar os mercados"?

Estariam simplesmente nossos ministros empenhados em fazer frente à iniciativa dos fundadores da ATTAC (Associação pela Tributação das Transações Financeiras em Apoio aos Cidadãos)[2], que acabava de nascer, prevendo o sucesso da idéia de finalmente instituir o tributo Tobin? Nesse caso, nos encontraríamos diante de mais uma expressão do desapreço que Lionel Jospin parece nutrir por campanhas associativas e sindicais em torno de questões como a do desemprego, a da energia nuclear e a da economia, nas quais ele e seus especialistas se julgam os únicos mestres. Ou não será que ele e seu ministro da Economia estavam tentando "acalmar os mercados"? Expressar, no auge da crise que sacudiu as bolsas de valores depois da derrocada financeira internacional na Rússia, a vontade da direção política do governo da "esquerda plural", não contrariada por nenhum ministro ou dirigente dos partidos da base parlamentar, de dar sustentação política à direção do G7 e apoio aos mecanismos essenciais da mundialização financeira?

No final de setembro, graças à intervenção do Banco Central dos Estados Unidos, o FED, foram reunidos cerca de 4 bilhões de dólares para salvar o fundo especulativo americano LTCM (Long Term Capital Management), cujo enfraquecimento ameaçava de insolvência imediata uma série de grandes bancos, principalmente americanos e suíços. O fluxo de créditos e débitos entre as instituições financeiras, contudo, não se rompeu; a crise financeira e das bolsas foi contida; o fluxo dos lucros financeiros rentistas não foi interrompido; e as cotações da bolsa voltaram a subir, de modo que, para a mídia e a maioria dos políticos, aquela ameaça de crise das bolsas ocorrida no outono, não passava de uma má lembrança. Nada, porém, foi regulamentado. Pelo contrário: o alastramento da recessão de um país para outro, a retração inexorável do comércio e a queda dos preços mundiais significam que as crises financeiras e das bolsas ainda estão por vir. Basta abrir os jornais de economia britânicos, ou os boletins de conjuntura e análise dos bancos franceses ou estrangeiros, que são obrigados a fornecer aos investidores financeiros informações exatas e análises realistas, para compreender que a economia capitalista mundial vive sob a ameaça iminente de uma recessão de caráter mundial e que seu sistema financeiro pode ser arrastado a qualquer momento, tanto por falências bancárias incontroláveis como por um *crash* da bolsa, tendo Wall Street como foco.

Mesmo em condições normais, sem queda na produção e no comércio causada por profundas turbulências, observa-se que, desde 1990, o sistema só tem proporcionado a milhões de assalariados e de jovens dos países avançados, sem falar do resto do mundo, o desemprego em massa, uma desigualdade e injustiça crescentes, quando não a marginalização social e a miséria permanentes. O surgimento do grande interesse popular pela tributação dos capitais, evidente nas adesões maciças à ATTAC, constitui, depois da campanha contra o A.M.I.[3], um indício de um movimento de reflexão em vias de desenvolvimento. As numerosas reuniões ali realizadas traduzem a efervescência das idéias e propostas dos que não aceitam o sistema econômico dominante. Se há pouquíssimos deputados e senadores interessados em conhecer seriamente o tributo Tobin, já são muitos os militantes políticos, sindicais e de movimentos populares que compreendem sua importância e valor político, sem desconhecer seus limites. A ATTAC é para estes um meio de se unir e de se preparar para enfrentar o que tanto os projetos governamentais como a ameaça de crise já evidenciam.

O tributo Tobin, um tributo sobre o capital

Lutar pela tributação das transações nos mercados de câmbio significa afirmar a necessidade de destruir o poder do capital financeiro e de restabelecer uma regulamentação pública internacional. Enquanto imposto sobre as transações cambiais com fins especulativos, o tributo Tobin inaugura uma forma de relação entre o público e o privado completamente diferente da espécie habitual de aliança entre a esfera política e a financeira (um ótimo exemplo desse novo tipo de aliança é o escândalo, ainda impune, dos bilhões desviados e desperdiçados pelos dirigentes do Crédit Lyonnais, após o banco ter sido socorrido à custa do dinheiro público). Tributar as operações de câmbio para penalizar a especulação, controlar o movimento de capitais de curto prazo significa fazer uma séria advertência política aos principais agentes econômicos e afirmar que o interesse geral deve prevalecer sobre os interesses particulares e a necessidade de desenvolvimento sobre a especulação internacional. A maior estabilidade financeira internacional decorrente da aplicação do tributo sobre as operações de câmbio teria uma importância especialmente significativa para os países com moedas fracas, sujeitos, ao mesmo tempo, às conseqüências da instabilidade das moedas fortes (caso dos países asiáticos que sofrem com a grande instabilidade das taxas de câmbio entre o iene e o dólar) e aos efeitos da falta de confiança em relação à sua própria moeda. Todas ótimas razões para defender o tributo.

O caráter limitado e incipiente desse tributo deve-se ao fato de que as moedas e os papéis de curtíssimo prazo são apenas uma das três formas mais importantes de ativos que integram as carteiras dos grandes investidores financeiros. Estas são compostas de três compartimentos principais: as moedas e papéis, as obrigações e as ações. O regime de câmbio flutuante e o mercado de câmbio totalmente liberalizado são apenas um dos fundamentos da mundialização financeira. Foram seu primeiro pilar, mas não são o único, nem, sem dúvida, o mais importante no momento atual. Do ponto de vista do funcionamento do sistema capitalista na sua forma contemporânea, sua importância é menor, por um lado, que a dos mercados de obrigações liberalizados e desregulamentados em que se negociam os bônus do Tesouro e outros papéis da dívida pública e, por outro, que a do mercado de ações (de títulos das empresas) ou bolsa de valores. As moedas são unidades de conta e meios de circulação. Funcionam também como reserva de valor (o famoso "pé-de-meia"), mas não têm, em si mesmas, a propriedade nem a virtude de gerar fluxo de rendimentos. No que se refere às obrigações e às ações, a coisa é bem diferente. Nesse caso, tratam-se de títulos — títulos de crédito, no caso dos bônus do Tesouro e outros papéis da dívida pública ou obrigações, e títulos de propriedade, no das ações —- que representam também pretensões de participar da repartição de riqueza em uma data determinada, quer dizer, da distribuição da riqueza que deverá ser criada para que essas pretensões sejam realizadas.

O mercado de títulos da dívida pública (o mercado de obrigações públicas), instituído pelos principais países beneficiários da mundialização financeira e depois imposto aos outros países (quase sempre sem muita dificuldade) é, segundo o próprio Fundo Monetário Internacional, FMI, a "pedra angular" da mundialização financeira. De outro modo, é precisamente o mecanismo mais efetivo instituído pela liberalização financeira para transferência de riqueza de determinadas classes e camadas sociais para outras e de determinados países para outros. Criticar os fundamentos do poder do capital financeiro pressupõe o desmantelamento desses mecanismos e, portanto, o cancelamento da dívida pública, não só dos países mais pobres, mas também a de qualquer país cujas forças sociais atuantes se recusam a ver o governo impor a austeridade orçamentária aos cidadãos sob o pretexto do pagamento dos juros da dívida pública. A outra grande forma de retenção de ativos financeiros são as ações. Sua importância, enquanto veículo de transferência de riqueza para os beneficiários de rendimentos financeiros de caráter rentista, cresceu consideravelmente ao longo dos últimos anos, à medida que os gestores especializados dos grandes fundos britânicos de pensão e dos fundos de investimento aumentavam suas aplicações na bolsa, reinvestindo depois seus ganhos nos mercados que haviam se mantido em alta contínua por motivos que explicaremos mais adiante.

A se acreditar em nossos governantes e em seus assessores, no entanto, são os investimentos em ações os que representariam agora a solução milagrosa para o "problema das aposentadorias", e a bolsa o lugar no qual se produziria de maneira indolor a magia da "multiplicação dos pães" na sua versão contemporânea. Puro embuste que nenhum sindicalista pode apoiar ou endossar sem se desmoralizar completamente. Antes de ser repartido sob a forma de dividendos, o valor, ou a riqueza, deve ser produzido. Por quem? Pelos assalariados nacionais ou estrangeiros que trabalham em empresas que tudo farão para baixar os salários e impor a máxima flexibilidade ao trabalho. É assim que as bolsas se transformaram no cavalo de Tróia de todas as forças que queriam destruir o sistema de aposentadoria por repartição e realizar, com uns poucos assalariados privilegiados, o velho sonho capitalista da colaboração capital-trabalho, ou ainda, uma nova fórmula de participação dos assalariados na gestão capitalista das maiores empresas. É por isso que a associação ATTAC decidiu não se limitar à campanha pela tributação das operações de câmbio, mas começou também a trabalhar sobre outros temas correlatos. Deu-se prioridade à defesa dos sistemas de aposentadoria por repartição e à análise das conseqüências da introdução da previdência privada por capitalização.[4] Mas o trabalho, na ATTAC, começa também pela investigação da lavagem de dinheiro e pelo questionamento dos mecanismos políticos e jurídicos que protegem os paraísos fiscais.

O contexto e a importância da campanha pelo tributo Tobin

A valorização financeira transcende, portanto, os limites dos mercados de câmbio. O economista americano Howard Watchell sustenta que seria preciso pelo menos três taxas para controlar o capital: além do tributo sobre as operações cambiais, um sobre os investimentos diretos no exterior e, por fim, um tributo internacional uniforme (ou "tributo único") sobre os lucros.[5] Ademais, é óbvio que o parasitismo financeiro não poderá ser estrangulado sem que se ataquem os mecanismos que o sustentam. O que está em jogo é o caráter sistêmico do processo de mundialização dos mercados financeiros, bem como os fundamentos rentistas dos mecanismos de apropriação e de transferência internacional do valor e da riqueza. As discussões no âmbito da ATTAC devem ajudar a compreendê-los e a desvendá-los. Basta ter assistido a algumas das primeiras reuniões da associação para se avaliar quão conscientes estão seus filiados de que este é o maior desafio. Eles sabem que a importância primordial da campanha pelo tributo Tobin é seu aspecto educativo. Esta campanha é o caminho proposto pelos fundadores da ATTAC para abrir, junto dos assalariados, dos desempregados e dos jovens um amplo debate político sobre o capitalismo financeiro e, portanto, sobre o capitalismo contemporâneo. Por ora, o sentido político dos debates em torno de Tobin é de natureza educativa e simbólica. Mas, como todos sabem, e Lionel Jospin mais do que ninguém, os símbolos são o coração da prática política.

A ATTAC tem seus críticos à esquerda, o que é bom para o debate democrático. Mas isso não nos impede de lhes dizer que eles desconhecem o papel educativo da campanha que se inicia, bem como a riqueza das discussões que se dão no âmbito das reuniões da ATTAC. Os críticos de esquerda insistem no caráter pouco radical do tributo Tobin. Já tivemos oportunidade de falar sobre isso, assinalando que os muitos partidos socialistas e social-democratas hoje no poder na Europa é que deveriam defender essa medida. Mas, à semelhança do governo Jospin, eles rejeitam firmemente a proposta. Assim, é um tanto cedo para prever, de um ponto de vista radical, o momento em que o tributo será levado em consideração e implementado pelos mesmos que queriam limitar-se a combater os efeitos do neoliberalismo e não seus fundamentos. Essa crítica de esquerda está fora das relações políticas imediatas.

Até segunda ordem, estamos numa situação em que nenhum dos partidos hoje "à frente dos negócios" na Europa e que aceitaram encarregar-se, junto com o Banco Central Europeu então criado, da gestão da ordem capitalista mundial tal e qual, manifestou a menor intenção de propor ou aplicar uma medida que viesse atingir um pouco, um mínimo que fosse, as instituições financeiras, os investidores institucionais e os detentores de ativos financeiros. Para convencer-se disso, basta examinar, como o faremos rapidamente mais adiante, o conteúdo das "propostas de reforma" do sistema financeiro mundial. Podemos também examinar nos jornais britânicos as reportagens sobre as discussões a respeito das perspectivas da economia mundial, quando do recente "fórum econômico mundial" de Davos. Os discursos dos principais protagonistas foram de uma clareza cristalina. Em síntese, eles disseram que, por mais preocupados que estivessem com o aprofundamento da deflação e da recessão mundiais e com a possibilidade, senão a inevitabilidade, de uma crise das bolsas, não tinham a menor intenção de voltar atrás com relação à liberalização e a desregulamentação financeira e comercial. O secretário do Tesouro americano, Robert Rubin, foi claríssimo a esse respeito. Ele conclamou os governos a enfrentar a contestação popular, a não ceder às suas pressões e a resistir a qualquer iniciativa que viesse "pôr em dúvida os ganhos da liberalização e da mundialização financeiras". Junto a nós, o governo francês declarou guerra contra o tributo Tobin, mas não se viu qualquer ministro de nossa maioria plural salientar, e muito menos indignar-se contra, o fato de o Ministério do Planejamento ter baseado suas projeções alarmistas sobre o futuro do sistema previdenciário na hipótese brutal de uma taxa de desemprego permanente de cerca de 9%, ou seja, o equivalente a 2,5 milhões de pessoas. Por um lado, o país recorre ao mercado financeiro mundial; por outro, quer-se convencer a sociedade francesa, assim como a dos países vizinhos, a aceitar um desemprego que destrói os indivíduos e os laços sociais.

Recoloquemos, então, a campanha contra o tributo Tobin nesse quadro político bastante concreto e avaliemos, com bom grado, sua relevância. Ela é, repitamos, mais uma expressão, na rota da campanha momentaneamente vitoriosa[6] contra a assinatura do A.M.I. na OCDE, da vontade manifestada pelos trabalhadores — assalariados, desempregados ou aposentados —, intelectuais e estudantes de compreender o capitalismo na sua forma contemporânea e de se reunir numa campanha, não para remendar o sistema ou submeter-se a ele, mas para combatê-lo.

É a essas forças sociais que este livro se dirige: àqueles e àquelas que deram o primeiro passo e somaram-se nesse terreno à nova forma de aliança política que a ATTAC representa, e também a todos aqueles e aquelas que ainda têm a vontade e a esperança de influir no futuro do mundo por meio de sua luta — de um mundo, justamente, onde ninguém ousaria afirmar que seu horizonte econômico e social capitalista seja "intransponível".

II

ESPECULAÇÃO FINANCEIRA E APROPRIAÇÃO DE RIQUEZA

Em 1978, James Tobin, professor na Universidade de Yale e prêmio Nobel de economia em 1981, publicou seu artigo mais conhecido propondo a criação de um tributo sobre as transações de câmbio. Sua primeira contribuição sobre o tema é, no entanto, mais antiga. Ela remonta a 1972, pouco tempo depois da dissolução, por iniciativa unilateral dos Estados Unidos, em agosto de 1971, do sistema de taxas de câmbio fixas, criado pelo tratado de Bretton Woods, em 1944.[7] A base deste sistema era a conversibilidade do dólar em ouro a uma taxa fixa — taxa que os Estados Unidos não poderiam alterar sem a concordância do conjunto dos países signatários do tratado. O dólar era então uma moeda mundial em virtude de sua ancoragem no ouro, e a taxa de câmbio das outras moedas era determinada, por sua vez, com referência ao dólar. Este sistema foi construído sob a hegemonia dos Estados Unidos, mas que nem por isso estavam livres de restrições relativas à criação monetária e, portanto, ao equilíbrio orçamentário e de sua balança comercial. Estas restrições tornaram-se cada vez mais insuportáveis ao governo americano, o qual decidiu, sem consulta mútua, acabar com o sistema de Bretton Woods.

As instituições financeiras privadas, no entanto, já haviam se preparado para tirar proveito da situação. Durante o período que antecedeu a ruptura do padrão dólar-ouro, assistimos à constituição, permitida pelo regime de exceção no contexto de um mercado financeiro com reputação "fora de suas fronteiras"— o mercado dos euro dólares —, de uma primeira concentração de capitais que conservavam a forma dinheiro e procuravam obter lucros sem sair da esfera financeira. Este capital que se achava depositado junto nos bancos internacionais constituía-se, principalmente, dos lucros industriais das multinacionais americanas realizados na Europa e não repatriados. Foram estas empresas e esses bancos que provocaram as sérias crises cambiais de 1996 e 1997 que atingiram, na ocasião, a libra esterlina. A dissolução do sistema de Bretton Woods atendeu às necessidades dos Estados Unidos, mas beneficiou também os bancos internacionais bem como todos os operadores que lucraram com esses primeiros ataques especulativos.

As etapas da liberalização e da mundialização financeiras

O abandono das taxas de câmbio fixas e a adoção, dois anos mais tarde, do sistema de taxas de câmbio flutuantes, no qual os operadores financeiros privados desempenham um papel decisivo na determinação dos preços relativos das moedas (as taxas de câmbio), constituiu o primeiro passo na formação de um mercado financeiro mundializado. Este passo, evidentemente, abria caminho para a abolição dos controles sobre os movimentos de capitais, levada a cabo inicialmente pelo Reino Unido, em 1979, logo após a chegada de Margaret Thatcher ao poder, e seguido rapidamente pelos Estados Unidos. Estes aboliram os controles sobre os movimentos de capitais no bojo de um conjunto mais amplo de medidas destinadas a liberalizar e desregulamentar os mercados de títulos públicos para aí aplicar os bônus do Tesouro e outros papéis da dívida pública por adjudicação. A liberalização dos fluxos de capitais e a "securitização" dos títulos da dívida pública constituíram o segundo passo importante no processo de mundialização financeira. O terceiro e último passo foi alcançado na segunda metade dos anos 80 sob a forma de "big bang" na City de Londres e depois em todas as outras praças mediante a liberalização e a desregulamentação dos mercados.

Os anos 80 assistiram à adoção dessas medidas pelos demais países da OCDE, cada um a seu tempo e de acordo com suas peculiaridades, e mesmo com dificuldades específicas que acabaram por gerar sérias crises como no caso do Japão. Faltava impor o novo sistema financeiro, juntamente com o regime de acumulação em que predomina o capital financeiro, ao restante do planeta. Os anos 90 ficaram então sob o signo da integração daqueles países que não são membros da OCDE — países considerados de "economia em transição" (os países da ex-URSS e os países do Leste) ou "países de industrialização recente" da Ásia e da América Latina — nos quais a liberalização e a desregulamentação financeiras eram particularmente interessantes aos grandes especuladores financeiros estrangeiros. Esta integração foi fortemente "estimulada" pelo FMI, pelo Banco Mundial e pelo governo americano. Na América Latina, como também em alguns países da Ásia, sua implementação dependeu de novas formas de aliança entre a oligarquia financeira desses países e os Estados Unidos.

No final dessas grandes mudanças institucionais e políticas, as instituições de base desta economia de mercado financeiro mundializado passaram a ser os mercados de divisas e de títulos liberalizados e desregulamentados; os mercados secundários das obrigações nos quais as carteiras de bônus do Tesouro podem ser vendidas a qualquer momento; e, por fim, as bolsas de valores nas quais as ações são compradas e vendidas permanentemente. Isto confere a essa economia, ou ao que chamamos freqüentemente de "mundialização financeira", uma volatilidade e uma instabilidade extremamente elevadas. Cada um dos mercados é uma arena de intensas operações especulativas que asseguram lucros bastante elevados às instituições financeiras e aos detentores dos ativos em dadas circunstâncias. Mas não podemos nos deter somente nesse aspecto sob pena de ficarmos na superfície das coisas. Por detrás da especulação há uma economia marcada por uma enorme acumulação de títulos de crédito de caráter rentista que atestam cada vez mais claramente sua pretensão de participar da produção atual e futura. Que uma economia desse tipo se consolida no interior dos países é evidente face à transferência de recursos de determinadas classes ou camadas sociais para outras. Em nível internacional, essa transferência se dá de uns países para outros de tal modo que, neste final do século XX, a noção de "país rentista" de 100 anos atrás resgata toda a sua atualidade.

Bancos internacionais e fundos de investimento

É preciso examinar agora quais são as principais instituições financeiras privadas que integram este mercado financeiro mundializado. Em primeiro lugar encontramos os bancos. Seu "negócio", por assim dizer, sempre foi, a rigor, "fazer dinheiro com dinheiro". Para este fim, os bancos utilizam os recursos obtidos principalmente dos depósitos dos clientes (por exemplo, os salários ou aposentadorias depositados em conta corrente) sob a forma de concessão de crédito a outros, particulares ou empresas. Por meio desses créditos ou empréstimos a prazos variados (de três a até muitos anos), os bancos desempenham uma função absolutamente central para qualquer economia de mercado e para a economia capitalista em particular. Não é suficiente produzir, é preciso vender, e na expectativa de realizar as vendas é preciso continuar a produzir. Neste ponto é que os bancos desempenham seu papel — eles garantem a continuidade das trocas entre as indústrias e lhes permitem aguardar o momento da validação social da produção pela venda no mercado final. Quando um sistema bancário está fragilizado devido à acumulação de créditos ruins pelos bancos que o compõem, ele passa a limitar a concessão de crédito, tornando-se assim um poderoso fator de retração do conjunto da atividade econômica. Ora, atualmente, este é o caso de muitos países, sendo a situação mais evidente a do Japão.

A liberalização e a desregulamentação financeiras lesaram os bancos ao lhes retirar as tutelas que garantiam que a criação de crédito permanecesse sua atividade prioritária exclusiva. A liberalização e a desregulamentação financeiras permitiram aos grandes fundos de investimento lançarem-se às atividades de empréstimo às empresas que eram os clientes preferenciais dos bancos (a chamada desintermediação[8]). Sofrendo uma concorrência cada vez mais acirrada e forçados a obter lucros a qualquer preço para manter sua cotação nas bolsas, muitos bancos lançaram-se em operações de empréstimo cada vez mais arriscadas. Primeiro eles concederam empréstimos a sociedades imobiliárias, depois a bancos e empresas de países asiáticos (Coréia do Sul, Tailândia, Malásia) que tiveram um crescimento rápido momentâneo e a outros países com sistemas financeiros tão duvidosos quanto arriscados como a Indonésia ou a Rússia. Esses bancos assumiram também grandes riscos emprestando a fundos especulativos especialidos e, sobretudo, lançando-se em atividades altamente especulativas.[9] No plano dos sistemas de crédito nacionais, o balanço da liberalização e da desregulamentação é desastroso. Talvez não esteja longe o dia em que a nacionalização do crédito se transforme em medida política de defesa contra as crises transmitidas pelo sistema financeiro mundializado.

Na fase atual da mundialização financeira encontramos os grandes bancos comerciais e os bancos de investimento, particularmente em dois segmentos do mercado financeiro mundializado. São esses bancos que organizam os mercados de câmbio, daí extraindo lucros bastante substanciais enquanto operadores do mercado. Em 1998, esses lucros foram da ordem de 200 milhões de dólares para o vigésimo colocado entre os operadores, o Desdner Bank da Alemanha, e de até 1 bilhão de dólares para o primeiro colocado, o americano Citibank.[10] Para os bancos mais bem posicionados, as comissões sobre as operações de câmbio são uma fonte de lucro importante, mesmo crucial. A outra atividade fundamental desses bancos no mercado financeiro mundializado aparece sob a forma de empréstimos internacionais geradores de fluxo de rendimentos por meio dos juros elevados, mesmo astronômicos, a que são concedidos os empréstimos. Estes se dirigem aos países "promissores", os em desenvolvimento, e cada vez mais aos sistemas bancários nacionais e às empresas desses mesmos países (que hoje ostentam o nome ridículo de "países emergentes", pelo simples fato de terem liberado seus mercados financeiros nacionais apenas recentemente). A atuação dos bancos foi crucial na sucessão das crises financeiras que atingiram os países asiáticos em 1997 bem como no desenrolar da crise financeira da Rússia.

Atualmente, as instituições privadas mais poderosas do mercado financeiro mundializado são as instituições financeiras "não-bancárias". Este termo designa as instituições que não têm a responsabilidade de criação de créditos e podem se especializar exclusivamente na frutificação da liquidez que recolheram e concentraram em suas mãos. São as companhias de seguro, cada vez mais engajadas no seguro de vida e outros "produtos da poupança", os fundos de previdência privada por capitalização (os fundos de pensão) e os fundos mútuos de investimento, administradores de carteiras de títulos (Mutual Funds, bancos de investimento ou companhias de seguro). O enorme poder político e financeiro adquirido por essas instituições repousa em dois mecanismos. O primeiro, durante muito tempo mais comum nos Estados Unidos e no Reino Unido, é o recolhimento, no âmbito dos sistemas de previdência privada por capitalização, de contribuições patronais calculadas sobre o salário ou, então, de uma poupança forçada.

O segundo mecanismo baseia-se numa combinação articulada da distribuição desigual da renda, com a diminuição do imposto sobre os rendimentos do capital e sobre as altas rendas, com o crescimento da dívida pública. Este mecanismo é comum a todos os países da OCDE, embora seja mais pronunciado em alguns países do que em outros e estenda-se, também, de forma específica, a todos os países nos quais a riqueza (ou seja, o excedente social) se concentra nas mãos de poucos. A distribuição desigual da renda transfere automaticamente uma poupança que pode ser "investida", ou seja, transformada em obrigações, que são meros créditos sobre as receitas fiscais futuras dos Estados, ou, então, em ações que representam promessas ou expectativas de participação nos lucros a ser realizados pelas empresas. Estamos aqui frente a títulos que geram um rendimento financeiro, rendimento que não está associado a uma atividade específica como a do assalariado, do capitalista ou do funcionário público. Quando as taxas de juros são superiores às de crescimento, como foi o caso na maioria dos países da OCDE, esses rendimentos formam uma "bola de neve", de modo que os fundos mútuos de investimento se beneficiam de transferências muito elevadas, que são o ponto de partida de uma acumulação de natureza financeira que aumenta constantemente sua "force de frappe" financeira – sua capacidade de promover abalos financeiros.

A dívida pública, fonte do poder dos fundos de investimento

Em muitas reuniões da ATTAC, os filiados têm levantado a questão da dívida pública, do fardo que representa e de sua anulação. Seguramente, eles se posicionam como o fazem outras associações, a favor do imediato cancelamento da dívida de todos os países do Terceiro Mundo. Esta medida é imprescindível. Ela não pode se limitar aos países mais pobres e muito menos parecer uma dádiva "generosa" dos governos de países ricos, por exemplo da França, quando das catástrofes ditas "naturais" como as recentes inundações na América Central. No entanto, se estabelecermos como objetivo primordial o enfraquecimento dos fundamentos da especulação, ou seja, do poder que o capital financeiro emana das imensas riquezas que concentra, a reivindicação de cancelamento da dívida pública não deveria ser estendida a todos os países?

Durante toda a década de 80, os fundos de previdência privada e os fundos de investimento investiram pelo menos um terço de suas carteiras em títulos da dívida pública. Nos anos 90, depois da alta das ações em Wall Street e em outras bolsas, essa percentagem diminuiu significativamente. Mas nos momentos de queda das cotações ou de ameaça de grave crise financeira, percebemos que a preocupação com a segurança dos investimentos fez com que os investidores se voltassem para os títulos da dívida pública, embora estes gerassem um rendimento menor que o das ações desde a queda das taxas de juros. É o que chamamos solenemente de "fuga em direção à qualidade". Estes são muitos dos elementos que nos põem diante de uma das principais inovações do regime financeiro contemporâneo e do regime de acumulação predominantemente financeiro que lhe é associado.

Os governos tributam cada vez menos pesadamente o capital e as altas rendas. Ao contrário, eles lhes solicitam empréstimos! Vejamos mais de perto este procedimento enganoso. A redução dos impostos sobre as altas rendas tem causas políticas. Ela traduz o predomínio crescente dos ativos financeiros e dos grupos sociais que deles se beneficiam. Este processo repousa na liberação financeira e é por ela reforçado. Em relatório recente, a OCDE manifestou-se a favor desse processo nos seguintes termos: *"Devido à crescente mobilidade internacional dos investimentos em capital fixo e dos investimentos financeiros, pode-se julgar necessário reduzir os impostos que incidem sobre os rendimentos do capital. Assim, a maior parte da carga tributária recairá sobre o trabalho que é o fator menos móvel"*.[11] No entanto, existe um limite para o montante da carga tributária. Se os governos, não obstante as políticas de austeridade, pretendem continuar a financiar as despesas públicas, que são superiores às receitas devido à própria redução da base tributária, esses governos terão de tomar dinheiro emprestado. De quem? Dos mesmos que eles não querem mais tributar. Eles se dirigem, pois, aos capitalistas, aos proprietários de bens imobiliários, aos executivos, e também aos assalariados com estabilidade e altos salários, para implorar-lhes sua "poupança" – termo neutro, ou mesmo de bom-tom, para designar um mecanismo cujo principal fundamento é a desigualdade da distribuição da renda. Enfim, como os governos contraem esses empréstimos a taxas de juros superiores às da inflação e às do crescimento econômico, para levar a cabo esse processo a dívida se reproduz automaticamente ano a ano. A boa parte do orçamento que é destinada ao pagamento dos juros da dívida anterior, acarreta um déficit orçamentário que precisa ser recoberto. E como? Tomando novos empréstimos, é claro! Há quem qualifique esse sistema, e a certa altura o economista Jean-Paul Fitoussi, de "ditadura dos credores".[12] Se assim é, digamos então que, como qualquer ditadura, a dos credores exige uma forma de golpe de Estado, e constatamos, em seguida, que são poucos os que querem se mobilizar para acabar com o sistema de dominação dos credores caracterizado por Keynes como "regime opressor".[13] O golpe de Estado iniciou-se com as medidas de liberalização dos mercados de títulos públicos tomadas pelos Estados Unidos em 1979-1981, com a adjudicação dos bônus do Tesouro no mercado liberalizado e com a inauguração do regime financeiro de "taxas de juros reais positivas" possibilitado por uma política monetária bastante restritiva. Estas taxas alcançaram pelo menos 10 pontos percentuais na década de 80, e em certos momentos até 15 pontos, antes de começarem a cair progressivamente atingindo, atualmente, "somente" 4 pontos percentuais positivos — uma verdadeira miséria de fato!

É impossível combater a mundialização financeira e o reino dos possuidores de títulos sem compreender sua origem. Para os países mais poderosos da OCDE, especialmente os Estados Unidos, aplicar bônus do Tesouro no mercado de obrigações liberalizado é matar dois coelhos com uma só cajadada — é aliviar a restrição orçamentária de maneira não inflacionária e resolver momentaneamente a crise fiscal do Estado, além de oferecer um investimento muitíssimo vantajoso e seguro aos fundos de pensão que começavam a ter muita liquidez a ser investida de forma rentável (os governos dos países capitalistas avançados, com os Estados Unidos à frente, são considerados os devedores mais confiáveis do mundo). A retomada da economia armamentista e o financiamento do grandioso programa "guerra nas estrelas", foram feitos com o crescimento da dívida federal a despeito de todas as declarações reaganianas sobre a ortodoxia monetária e orçamentária. Em relação ao orçamento federal, o serviço da dívida passou de 12,7% em 1980 para 20,1% em 1990. Desde então, ele vem diminuindo só muito lentamente devido à "inércia" associada aos empréstimos contraídos nos períodos em que as taxas de juros estavam altas.

Esse "eldorado", onde se ajuda os rentistas a investir vantajosamente sua poupança ao invés de tributar a riqueza, estendeu-se em poucos anos à maioria dos países capitalistas avançados por uma espécie de efeito contágio. No caso da França, o financiamento do déficit orçamentário pela adjudicação dos bônus do Tesouro no mercado liberalizado, aberto aos investidores financeiros estrangeiros, é fato consumado desde as reformas financeiras de Pierre Bérégovoy de 1984 a 1985. A França alinhou-se ao modelo americano sem muita resistência. A "indenização" dos proprietários dos grupos comprados pelo Estado por preço baixo, quando das nacionalizações de 1983, realizou-se nesse quadro. Os mesmos capitalistas começaram a re-emprestar ao Estado os valores que a lei de nacionalização lhes permitiu reembolsar. A socialização das perdas industriais e o financiamento da reestruturação das empresas antes que fossem novamente, dez anos depois, entregues aos interesses privados, foram feitos à custa do endividamento acelerado do Estado. Pois, em meados do anos 80, os empréstimos foram contraídos a um preço extraordinário, a uma taxa real positiva de no mínimo 10 pontos. O crescimento da praça financeira de Paris, muito modesto se comparado ao de outros lugares, mas de qualquer forma significativo por seus efeitos internos, data dessas medidas. Em 1987, os bônus do Tesouro representavam cerca de 60% do mercado de títulos de crédito negociáveis em Paris. Dominique Plihon lembra que "o rendimento dos títulos franceses estava entre os mais elevados na praça financeira de Paris, em particular no segmento das obrigações".[14] Na medida em que o endividamento aumentou, um dos objetivos da macroeconomia francesa foi tornar a posse dos títulos franceses "atrativa" o quanto possível e evitar que fossem renegociados.

As transformações na forma de financiamento da dívida estão na origem do crescimento exponencial de seus encargos. Este crescimento tem um componente "autônomo", quer dizer, o que ocorre mecanicamente pelo simples efeito das taxas de juros reais positivas. Em matéria de finanças públicas distinguimos o saldo "primário" do orçamento, que resulta da diferença entre as receitas e as despesas, do déficit total, que inclui o serviço da dívida. Entre 1988 e 1991, em razão das políticas de austeridade dos sucessivos governos socialistas e de uma conjuntura internacional favorável, já sob o estímulo do mercado financeiro, houve quatro anos seguidos de equilíbrio relativo ou mesmo superávit orçamentário. No entanto, no decorrer do mesmo período, o serviço da dívida aumentou em mais de 50%, passando de 99 bilhões de francos em 1998 para 151 bilhões em 1991. Este é o efeito chamado "bola de neve". Vejamos uma fonte "acima de qualquer suspeita", o relatório *Auberger*, que leva o nome do relator da Comissão de Finanças da Assembléia Nacional em 1994: *"Desde 1983, a dívida pública está submetida a um processo de crescimento espontâneo, a um efeito "bola de neve". Seu custo médio, influenciado pelo nível historicamente bastante elevado das taxas de juros reais e pelo crescimento da parcela negociável da dívida, é superior à taxa de crescimento econômico. A partir de então, o serviço da dívida amplia espontaneamente o déficit, que se soma ao estoque da dívida no final do ano, o que deve ser refinanciado a custos ele-*

vados. Esse mecanismo, uma vez iniciado, acarreta o crescimento da dívida comparada ao PIB, ainda que o déficit primário esteja próximo do equilíbrio."[15] Com a recessão de 1993 e a queda das receitas fiscais, e com a duplicação das despesas feitas com os "preparativos" do final do mandato presidencial em maio de 1995, nada mais pode ser feito para impedir o crescimento em "bola de neve" dos encargos da dívida que atingiram o apogeu quando Alain Juppé entregou o governo aos partidos da "esquerda plural". No projeto de lei de orçamento de 1999, o governo anuncia orgulhosamente que espera se aproximar novamente de uma situação de equilíbrio do saldo primário[16] por força dos cortes orçamentários (promessa falsa tendo em vista a propagação internacional da recessão iniciada na Ásia). O endividamento da França não cresceria mais, embora os contribuintes tivessem de continuar a suportar os encargos da dívida. Estes representam a totalidade do déficit orçamentário, algo em torno de 240 bilhões de francos, ou o equivalente a 15% do montante das despesas orçamentárias, nada longe do que é destinado à educação nacional! Afirmou-se, por muito tempo, que as despesas com a educação eram política e socialmente prejudiciais e danosas ao crescimento. Seria diferente em relação às transferências a instituições financeiras e aos beneficiários dos rendimentos rentistas? Esta transferência é gigantesca. Apenas a título de pagamento anual de juros ela representa 3,5% do Produto Interno Bruto, PIB, da França.

Os especuladores especializados e os fundos de pensão nas crises cambiais de 1992-1993

Os fundos de pensão manifestaram pela primeira vez seu poderio no âmbito dos mercados de câmbio. Foi exatamente aí que ele se expressou, em particular quando dos ataques especulativos contra as moedas européias em 1992 e 1993, bem antes que o poder econômico e político desses fundos, ou sociedades de investimento, se tornasse visível ao nível dos mercados de ações negociadas em bolsa e das empresas das quais eles são acionistas (o chamado "governo das empresas"). Um estudo do FMI sobre os ataques especulativos de 1992, pelo qual somos responsáveis (o que é curiosamente pouco mencionado[17]), delimitou com precisão as instituições e organizações que deles participaram. Seu número é muito restrito. Em primeiro lugar estão alguns dos maiores trinta bancos (e um pequeno número de corretoras de valores) que estruturam o mercado de câmbio das divisas-chave. Esta forte concentração se encontra nos dois principais centros financeiros do mundo. Em Londres, 43% e em Nova York 40% das transações foram realizadas pelos dez maiores bancos do mercado. Eles atuam por intermédio de seu departamento financeiro em nome e a pedido de seus clientes, mas podem também especular por conta própria.

O segundo grupo de protagonistas numa intensa especulação nos mercados de câmbio, como a de 1992 e de 1993, são os fundos especulativos especializados (também chamados Hedge Funds, ou fundos para cobertura de riscos). Trata-se de "pequenas" sociedades financeiras especializadas (das quais a mais conhecida publicamente é o Quantum Funds, pertencente a George Soros) que praticam a especulação se aproveitando da ausência total de controles regulamentares. Ainda que na época só dispusessem de 10 bilhões de dólares de capital próprio, puderam tomar empréstimos a curtíssimo prazo num valor superior a 100 bilhões de dólares. Elas serviram de "sinalizadores" e foram, a seguir, as primeiras a travar uma batalha para testar a resistência dos governos e dos bancos centrais, antes que entrassem em campo os *principais batalhões* formados pelos investidores institucionais seguidos pelos departamentos financeiros dos grupos industriais. Pois são os fundos de pensão e os fundos mútuos de investimento que decidem o resultado do conflito travado no mercado cambial, em detrimento dos governos e a favor do melhor meio de lhes impor suas exigências.

Para o FMI (mais crítico naquela ocasião do que se tornaria depois) o fato inédito da crise cambial de 1991, bem como da de 1993, foi a participação dos investidores institucionais que envolvia, principalmente, os fundos de pensão (cerca de 4000 bilhões de dólares de ativos financeiros em 1991), as companhias de seguro (1900 bilhões de dólares) e, por fim, os fundos de investimento do tipo dos SIVAC ou Mutual Funds (cerca de 2500 bilhões de dólares), eles próprios determinando o rumo da crise. O estudo em questão assinala que os ativos desses fundos eram tão volumosos que, mesmo se a proporção das carteiras investida em divisas e títulos, ou outros ativos financeiros estrangeiros, possa parecer insignificante, o efeito desestabilizador sobre os mercados (de câmbio e de títulos) desencadeado por esses investidores institucionais é incomensurável. Destaquemos, para concluir, outra originalidade desse trabalho do FMI, que consiste em mencionar as multinacionais entre os protagonistas das crises cambiais, chamando a atenção para o próprio fato de que "as operações cambiais dos departamentos financeiros das empresas são vistas (por elas mesmas) cada vez mais como centros de gravitação de lucros em igualdade de condições com as demais".

A dimensão dos ativos dos fundos e a diversificação internacional dos investimentos

Com base nos mecanismos descritos acima, os fundos de pensão e seus gestores concentram atualmente somas vultosas que são, ademais, acrescidas de forma considerável pelos rendimentos financeiros excepcionais obtidos pela alta quase contínua das bolsas de Wall Street e das praças européias que vem ocorrendo nos últimos quatro anos. Vejamos alguns dados não citados com a devida freqüência, mas dignos de nota. No final de 1996, com relação aos Estados Unidos, o valor dos ativos dos fundos de pensão alcançava 4752 bilhões de dólares, correspondendo a 62% do Produto Interno Bruto americano; o dos fundos mútuos de investimento (os SICAV) 3539 bilhões de dólares, equivalentes a 46% do PIB americano; e, o das companhias de seguro, 3052 bilhões ou 30% do PIB daquele país. O valor dos ativos totalizava, pois, 11343 bilhões de dólares correspondentes a 138% do PIB americano e a um terço do PIB mundial[18]. Em 1995, o montante dos ativos financeiros dos investidores institucionais dos países da OCDE (98% do total mundial), elevava-se a 21.000 bilhões de dólares, ou seja, dois terços do PIB mundial. É bom lembrar que, a menos que esse valor se evapore devido a uma crise financeira ou nas bolsas de valores, ou pela incapacidade de pagamento dessa categoria de devedores (país, banco ou grande empresa), esses ativos constituem direitos a ser distribuídos ou créditos às atividades produtivas. Portanto, a referência feita ao PIB é para dar uma medida da riqueza garantida aos fundos em razão de seus direitos à distribuição e aos créditos concedidos.

Os fundos de pensão e de investimento americanos acumularam tal poder financeiro que, para valorizar as importâncias que concentram em suas mãos já não lhes é suficiente participar dos ataques especulativos contra as moedas nem mesmo confinar seus investimentos em seus países de origem por mais dinâmicos que estes sejam. Eles têm necessidade cada vez maior de diversificar seus investimentos e de aumentar significativamente sua participação nos mercados internacionais. Estima-se que esta participação gire hoje em torno de 10%, de modo que os ativos detidos ou manipulados pelos fundos de pensão e pelos Mutual Funds americanos no exterior, sob a forma de ações ou de obrigações, são avaliados em 1000 bilhões de dólares. São somas consideráveis (pode-se dizer gigantescas), não somente em termos absolutos como também com relação ao tamanho das praças financeiras (bolsas de valores ou mercados de obrigações) nos quais estes capitais se aplicam, quer sejam países como a França (onde os fundos norte-americanos detêm, dependendo do mês, entre 35% e 40% da capitalização das bolsas), ou países com praças financeiras "emergentes".

No caso dos fundos de pensão e de investimento acumulados no Reino Unido, a proporção dos investimentos em carteira no exterior é muito maior (superior a 20%), embora o valor absoluto dos ativos seja bem menor. Não é o caso de acreditar que os investidores institucionais franceses estejam quietos. Ao contrário, em 1996 o valor dos ativos dos fundos mútuos de investimento em valores mobiliários (Société d'Investissements Ouverte au Public, SIVAC), todos filiais dos grandes bancos, era de 529 bilhões de dólares, o que correspondia a 34% do PIB, e o das companhias de seguro 558 bilhões de dólares, o equivalente a 38% do PIB da França. A única diferença dos fundos franceses em relação aos americanos é que eles são menos internacionalizados, continuando a viver da transferência de riqueza que se realiza à custa dos assalariados, funcionários públicos e outros franceses que pagam impostos.

Um dos indicadores mais significativos da expansão mundial dos fundos de pensão e de investimento, antes estruturados num espaço nacional que se tornou muito limitado face às necessidades de valorização, foi o do crescimento vertiginoso dos investimentos internacionais em carteiras ou portfólios de obrigações e de ações. No que concerne às primeiras, às obrigações, o Banco de Compensações Internacionais, BRI, publicou, em seu relatório de 1998, um quadro (*pág. 160*) no qual se pode apreciar o crescimento e a dimensão do processo de diversificação internacional dos investimentos. As emissões anuais líquidas de obrigações internacionais passaram de 150 bilhões de dólares em 1992 a 569 bilhões em 1997, de maneira que no final deste ano o volume total destes títulos em circulação totalizava 3542 bilhões de dólares. Aplicando-se a essa soma uma taxa de juros média de 5%, um percentual bastante conservador, obtém-se um rendimento de 175 bilhões de dólares, ou seja, o PIB de países como a Suécia, Suíça ou Bélgica.

Na medida em que se avançou no caminho da mundialização, muitas políticas governamentais passaram a expressar a intenção, senão o objetivo explícito, de oferecer aos fundos novas oportunidades de investimento. Dando seqüência à securitização da dívida pública, as privatizações vieram, de forma oportuna para esses fundos de investimento, alimentar o crescimento das praças financeiras um pouco por todo o mundo, à medida que os governos locais, obrigados a financiar seus déficits orçamentários, venderam a preço vil as empresas públicas, cujo desenvolvimento tinha sido financiado pelos impostos, ou seja, pelo trabalho dos que sofrem o peso da tributação. Essas políticas governamentais foram bastante estimuladas pelos organismos internacionais como o FMI ou o Banco Mundial, os mesmos que incitam os países a introduzir regimes de previdência privada por capitalização como remédio, digamos assim, para combater o futuro crescimento demográfico. Afinal, o desenvolvimento desses fundos está ligado à "mercadorização" dos sistemas de aposentadoria e de poupança salarial, bem como à ampliação dos mercados financeiros. Com efeito, eles necessitam de novos cotistas e/ou de obter rendimentos financeiros elevados, ainda que precisem diversificar seus portfólios em nível mundial, quer para maximizar sua participação no mercado ou minimizar os riscos.

Ao final desse processo, os fundos de pensão acompanhados de outros investidores institucionais tornaram-se, portanto, os principais compradores e vendedores de títulos nos diferentes segmentos do mercado financeiro mundial (mercados de câmbio, de ações, de títulos públicos e privados etc.), atores e beneficiários dessa desregulamentação e dessa liberalização financeiras. Efetuando constantemente arbitragens entre diferentes praças financeiras, eles submetem as empresas dos principais países nos quais eles realizam seus investimentos a normas de rentabilidade e, logo, a critérios de gestão que tendem a se alinhar às normas norte-americanas. Os grupos empresariais devem obter taxas de lucro em torno de 15%. Cada vez que a cotação de suas ações cai, os investidores institucionais exigem que a empresa atingida reaja demitindo empregados. Paralelamente, as arbitragens destes investidores nos diversos mercados de títulos públicos, como nos mercados de câmbio, continuam, mais do que nunca, a submeter os países e seus governos – sempre mais "racionais", quer dizer cordatos e maleáveis aos mesmos princípios de política econômica caracterizados pela rigidez orçamentária, pela manutenção de taxas de juro e de câmbio relativamente elevadas. Hoje nos deparamos com a ditadura unificada dos credores e dos acionistas que nos conduz a uma ditadura consolidada de capitalistas financeiros. Depois de ter exercido sua ditadura no plano das finanças públicas, começaram a exercê-la sobre as empresas mediante a compra de lotes de ações em bolsa e do estabelecimento do "poder acionário" no seio dos grupos industriais.[19]

No caso dos países europeus, os bancos centrais (e agora o Banco Central Europeu) tornaram-se "independentes" dos governos com vista a obter com maior facilidade seu respeito àqueles princípios e a satisfação dos exigentes investidores, qualquer que fosse o preço em termos de desemprego, de destruição dos serviços públicos ou do sistema educacional. No plano mundial, são esses fundos que se tornaram as forças hegemônicas do mercado financeiro mundializado. São eles os principais beneficiários da integração dos pequenos mercados de títulos públicos e de ações dos países "emergentes" na esfera da mundialização financeira, e são suas decisões de investimento que determinam o grau e as formas desta integração.

III

O TRIBUTO TOBIN E SEUS OPONENTES

Como mencionamos anteriormente, a primeira contribuição de Tobin a respeito da necessidade de se estabelecer um tributo sobre as transações financeiras remonta a 1972, pouco depois da dissolução, em agosto de 1971, do sistema de taxas de câmbio estabelecido em Bretton Woods. Depois de uma rápida e tímida tentativa por parte das principais potências capitalistas, que viriam a constituir o chamado Grupo dos Sete — G 7, de estabelecer um sistema de taxas de câmbio no qual estas seriam negociadas e controladas em conjunto pelos principais bancos centrais, elas acabaram por render-se aos principais operadores financeiros. Assim, instituiu-se o regime denominado "taxas de câmbio flutuantes" no qual o valor relativo das moedas depende das forças de mercado ou, mais precisamente, das avaliações e das estratégias adotadas pelos maiores investidores nos mercados de câmbio. Estes investidores se comportam de acordo com os indicadores econômicos "fundamentais" — taxa de inflação, déficit orçamentário, balança comercial, dívida pública — que, a partir dos anos 80, passaram a servir de base para as políticas de austeridade, em que as mais importantes do ponto de vista dos operadores financeiros seriam posteriormente gravadas no mármore do "Tratado de Maastricht". Contudo, é quase sempre com base nas características relevantes das moedas consideradas ativos financeiros que os operadores especializados e os gestores de fundos analisam e determinam seu comportamento. O mercado de câmbio é, pois, o local das constantes operações especulativas de pequeno porte, mas de caráter totalmente parasitário, como também o dos ataques de grande envergadura contra moedas determinadas. Mas antes de examinarmos mais de perto as teses de Tobin, é preciso nos concentrarmos um pouco sobre a noção de especulação.

As amplas oportunidades de especulação criadas pelo capital financeiro

Michael Kaldor, que foi professor em Cambridge, Inglaterra, e discípulo de Keynes, definiu a especulação num artigo de 1939 como "uma operação não associada a um ganho derivado do uso ou de uma melhoria de um bem qualquer". Henri Bourguinat, professor em Bordeaux, França, definiu-a como uma operação "na qual intervêm as decisões motivadas exclusivamente pela expectativa de uma mudança no preço do ativo que serviu de base para essas decisões".[20] De outro modo, é uma operação que nada cria, que não produz algo novo, que tem por único objetivo a obtenção de um lucro financeiro que a operação de revenda pode gerar. Evidentemente, pode-se especular com todas as formas de ativos financeiros no sentido estrito — moedas, ações e obrigações —, tanto nos mercados financeiros onde se realizam as compras e vendas destes diferentes tipos de ativos, como nos mercados de derivados.

A especulação também ocorre no âmbito imobiliário e no da propriedade territorial, onde nos deteremos um pouco a seguir. Em 1990-1991, foi o colapso da especulação imobiliária, na qual estavam envolvidos principalmente os grandes bancos, que provocou a recessão que marcou o início da década, da qual jamais saíram completamente países como o Japão e a França. E hoje a economia capitalista mundial vive sob a ameaça do fim de uma longa fase de especulação nas bolsas, na qual o último capítulo foi a especulação desenfreada, desde 1998, com as ações das companhias que atuam na internet. Os mercados de matérias-primas sempre foram uma esfera de operações especulativas, na medida em que a parcela mais significativa do processo de enriquecimento dos intermediários decorria de decisões que eles tomavam em relação às mudanças previstas do preço futuro das matérias-primas controladas por eles próprios. Mas aqui também, desde os anos 80, a entrada em cena dos investidores financeiros agravou qualitativamente o caráter especulativo dos mercados de matérias-primas. Este agravamento deveu-se à forma de sua penetração nesses mercados como puros "intermediários-especuladores", à primazia crescente assumida pelas esferas financeira e especulativa nos resultados brutos das atividades e nos lucros dos grandes grupos industriais, bem como na própria organização interna desses grupos.

Uma gama de situações diversas por detrás do termo "especulação"

O termo "especulação" é freqüentemente utilizado para designar operações de frutificação de capitais financeiros, bem como de sustentação ou de salvaguarda de seu valor, operações que, de fato, não são da mesma natureza. O uso correto do termo é objeto de discussão entre os economistas, tendo a imprensa ampliado ainda mais o seu campo de aplicação. Segundo o ponto de vista adotado neste livro, a utilização do termo especulação é perfeitamente apropriada ao referir-se a operações que levam as instituições financeiras a obter lucros modificando a composição do compartimento "divisas e ativos monetários a curtíssimo prazo" de suas carteiras, vendendo as moedas cujos preços estão em baixa e comprando aquelas cujos preços estão em alta. Do mesmo modo, o termo é perfeitamente adequado para designar operações que nos remetem aos jogos de cassinos, que consistem em tomar "posições", na verdade em fazer apostas, prevendo a alta ou a baixa desta ou daquela moeda nos mercados de produtos derivados de divisas. Assim, por exemplo, o fundo especulativo LTCM apostou, tomando por base a postura anterior do FMI com relação ao regime de Yeltsin, que aquele organismo internacional socorreria mais uma vez o rublo em agosto e que o valor da moeda russa subiria novamente. O fundo LTCM estava tão seguro de sua aposta financeira que tomou emprestado dezenas de bilhões de dólares para reforçar seu investimento.

Passemos agora a examinar uma outra hipótese em que uma operação especulativa é uma oportunidade para as instituições financeiras privadas demonstrarem seu poder econômico e político. Foi o que se passou quando das crises cambiais de 1992 e 1993 já comentadas anteriormente. Os fundos especulativos especializados (os "Hedge Funds") observaram bem as dificuldades econômicas de certos países, em particular as da União Européia, da Itália e do Reino Unido, e perceberam a vulnerabilidade de suas moedas. Previram, igualmente, os resultados apertados de certas votações para a ratificação do Tratado de Maastricht, o voto da França em particular, como também que a situação seria acompanhada da intensificação do "motivo precaução" de certos investidores. Identificaram, então, a formação de condições extremamente favoráveis a um ataque maciço contra certas moedas, que lhes permitiria, bem como a outras instituições financeiras que analisamos mais acima, recolher lucros financeiros substanciais com base ou nas previsões verificadas de desvalorização na Itália e no Reino Unido (os especialistas as chamam de "previsões auto-realizáveis"), ou de gastos consideráveis por parte de outros países, como aconteceu com a França, de somas vultosas extraídas de suas reservas públicas em divisas fortes. No final das contas, dezenas de bilhões de dólares foram concentrados para promover esses ataques especulativos e os lucros foram proporcionais a esse volume.

Os grupos financeiros e industriais que conduziram esses ataques se juntaram, é claro, para produzir com toda segurança e sucesso, lucros financeiros elevados que o montante e a dimensão dos capitais envolvidos lhes permitiam agora realizar. Mas juntaram-se, também, para exercer uma forte pressão política sobre os governos da União Européia — que a pequena maioria de franceses favorável ao sim parecia justificar — para que o Tratado de Maastricht fosse interpretado e aplicado em benefício e total satisfação do capital financeiro, e que fosse então selado por um acordo sobre "os critérios de convergência" obtido mais tarde em Dublin. Neste caso em consideração, devido ao tamanho das somas movimentadas e à coesão dos participantes, nos deparamos, nos anos de 1992 e de 1993, com operações que combinaram especulação com demonstração de poder de grupo do capital financeiro com relação a um conjunto de países de modo a garantir seu alinhamento.

Uma terceira situação permite abordar as circunstâncias e as operações nas quais, sob o véu de operações de caráter cambial, temos a ocorrência de situações particularmente vantajosas, e portanto necessariamente transitórias, de aplicações feitas por investidores estrangeiros nos mercados de bônus do Tesouro e nos mercado de ações de um país onde eles vieram a se estabelecer. Este caso hipotético corresponde àqueles que se produziram concretamente no México no final de 1994 e começo de 1995, e novamente na Tailândia, Indonésia e em outros países do Sudeste Asiático a partir de julho de 1997, todos arrebatados pela recessão. Em cada um desses países, a crise financeira que foi rapidamente transformada em recessão econômica ou mesmo em depressão profunda, como na Indonésia, começou com a retirada maciça dos capitais estrangeiros que para lá haviam ido a fim de tirar proveito das oportunidades de investimento em obrigações, sobretudo bônus do Tesouro, e em ações, beneficiando-se da ancoragem no dólar de suas fracas ou totalmente desvalorizadas moedas nacionais. Os movimentos de fuga de capital foram um processo de liquidação, por parte dos investidores estrangeiros, da parcela de suas carteiras compostas de aplicações feitas no México, Bangcoc ou Jacarta, sob a forma de bônus do Tesouro ou de ações locais. Estes papéis transitaram pelo mercado de câmbio, mas puseram um ponto final nas especulações exitosas com títulos que compunham o compartimento de obrigações e ações das carteiras dos investidores. Retomaremos esta questão mais adiante.

A esta altura, é necessário expor com detalhe o tributo Tobin bem como as críticas que lhe são feitas. O sentido das atuais críticas consiste, principalmente, em desobrigar os governos, como o da França e o da União Européia, da tributação sobre as operações cambiais. Esses países recusam-se até mesmo a encaminhar a sua discussão às reuniões do G7 ou do FMI.

Uma fonte permanente de instabilidade com pouca ou nenhuma utilidade social[21]

O critério fundamental utilizado pelos operadores e demais agentes para tomar uma posição com respeito a uma moeda e seu preço relativo, é o lugar que ela ocupa na hierarquia internacional das moedas, ou seja, o papel que ela desempenha (ou não) como moeda de reserva internacional ou na efetização das trocas. É por essa razão que o dólar se beneficia, em quase todas as circunstâncias, de uma cotação favorável nem sempre justificada pelo exame dos indicadores "fundamentais" da economia americana, e que outras moedas, mesmo as dos países do G7, não estão habilitadas a alcançar devido ao déficit comercial e orçamentário que apresentam. Uma vez que muitos países, mas não todos, emitem seus bônus do Tesouro em moeda nacional, a taxa de câmbio traduz a avaliação dos capitalistas financeiros de quão bem este ou aquele governo está preparado para, e vai efetivamente, "honrar sua dívida". Também neste aspecto os Estados Unidos detêm uma posição vantajosa, seguidos, no momento, pelos países europeus. Os países com mercado financeiro "emergente", contudo, só conseguem convencer os investidores financeiros estrangeiros a adquirir títulos públicos (bônus do Tesouro) ou privados e ações de empresas nacionais em suas carteiras, se ancorarem sua moeda nacional no dólar.

Os operadores também podem temporariamente tomar posição frente a esta ou àquela moeda contribuindo para determinar momentânea e artificialmente sua taxa de câmbio, com a única perspectiva de vender seus haveres com lucro em uma data futura. Este é o trabalho ao qual se dedicam cotidianamente as instituições financeiras bancárias, como também as não bancárias (compreendendo grupos industriais transnacionais). E quando os indicadores "fundamentais" de um país se deterioram, essas mesmas instituições se unem para tomar posições que antecipem a queda futura da moeda desse país e a torne inevitável. São as chamadas "previsões auto-realizáveis" tão temidas pelos governos com moedas vulneráveis.

Foi com a finalidade de reduzir ao máximo essa atividade especulativa e limitar o alcance dos ataques desestabilizadores, que James Tobin propôs que os países aos quais pertencem uns 100 bancos especializados que controlam o mercado internacional de câmbio (freqüentemente conhecido pela sigla FOREX) criassem um tributo sobre as transações de câmbio. Este tributo permitiria reduzir a dimensão do mercado, diminuir a volatilidade das operações e penalizar as operações de caráter estritamente especulativo. A proposta foi ridicularizada pelos economistas liberais antes de ser encurralada numa conspiração de silêncio. James Tobin não cedeu, contudo, assim como alguns economistas de formação keynesiana que conseguiram resistir à ofensiva dos liberais nas universidades, nos governos e nas organizações internacionais. Em 1995, alguns meses depois da crise mexicana, eles conseguiram organizar uma conferência que reexaminou a proposta de Tobin e reafirmou sua boa fundamentação, antes de redefinir as formas de sua operacionalização. O colapso dos sistemas financeiros dos países asiáticos em 1997, as ameaças de fuga dos capitais dos países da América Latina, a forte instabilidade financeira e as derrotas sofridas pelo Fundo Monetário Internacional desde o início da propagação da crise econômica atingindo países cada vez mais importantes na economia mundial, reativaram o debate sobre a necessidade de se restabelecer controles sobre o sistema financeiro internacional, especialmente por meio de um tributo do tipo proposto por Tobin.

Atualmente, o montante acumulado das operações diárias no mercado de câmbio é da ordem de 1.550 bilhões de dólares em períodos "normais" e muito maior em tempos de abalos financeiros. O tamanho do mercado se manteve inalterado após um período de crescimento muito rápido. O dado registrado acima traduz o movimento constante das tomadas de posição frente às moedas diferentes, após o fechamento dessas posições. Quando as operações diárias eram da ordem de 1.300 bilhões de dólares, em 1992, o Banco de Pagamentos Internacionais procedeu a um ajuste para eliminar a dupla contagem, o que resultou num valor corrigido de 880 bilhões de dólares. Essas operações cambiais são intermediadas por um número restrito de bancos internacionais e corretores especializados. Em 1995, dez operadores asseguraram 45% das transações em Nova York e 40%, em Londres. Nas praças financeiras menores a concentração é ainda maior e cresce continuamente. Assim, em Paris, em 1998, seis estabelecimentos concentravam 69% das operações de câmbio contra os 59% de apenas três anos atrás[22]. A concentração geográfica do mercado de câmbio é também enorme, sendo que aproximadamente a metade das transações mundiais ocorre hoje em Londres. Os especuladores ou empresas interessadas no comércio ou em investimento transmitem suas ordens por bolsa eletrônica aos operadores especializados em Londres, às filiais de bancos internacionais (dentre os quais os bancos franceses estão muito bem posicionados) ou a corretores londrinos. No total, Londres, Nova York, Tóquio, Frankfurt e Paris concentravam, em 1998, mais de dois terços do mercado, e oito praças garantiam 82% do total das operações. A interconexão mundial é assegurada tecnicamente por um número muito pequeno de sociedades especializadas, as "International Clearing Houses" [*Nota dos revisores técnicos:* Câmaras internacionais de compensação], Euroclear, Cedel e Switch em Londres, e Chips em Nova York. Por conseguinte, esta concentração permite que o tributo concebido por Tobin se torne perfeitamente factível no nível técnico, e põe em relevo a natureza essencialmente política das objeções dirigidas à proposta.

Somente uma ínfima fração das operações, estimada em 3% pelos observadores mais rigorosos e em 8% pelos mais condescendentes, tem por objetivo efetuar a compensação das transações no comércio internacional ou servir de veículo paras as transferências de capitais destinados aos investimentos produtivos. Em 1995, o montante total do comércio mundial de mercadorias e serviços correspondeu ao equivalente a apenas três dias e meio de transações no mercado de câmbio. Outra estimativa indica que o total das operações secundárias — as derivadas das operações financeiras — é 70% superior àquelas ligadas ao comércio de mercadorias e serviços. Mesmo se a estimativa do montante das transações "necessárias" for elevada de forma a incluir uma taxa de risco ou de precaução estabelecida pelos exportadores face ao câmbio, ela não atingiria mais do que 20% do total.

Por outro lado, estima-se que 80% das transações corresponde às idas-e-vindas de duração inferior a uma semana útil, ou seja, de quatro a cinco dias, embora muitas transações de compra e venda sejam feitas a prazos ainda mais curtos. Em certos momentos, o horizonte temporal dos operadores financeiros limita-se a algumas horas. Estes são os dados que nos levam a pensar que, a partir do estabelecimento das taxas de câmbio flutuantes, o tributo Tobin desempenharia a função oportuna de reduzir os lucros esperados pelas operações especulativas diárias e semanais, sem penalizar as operações financeiras de longo prazo que são a contrapartida das operações ligadas ao comércio internacional e ao investimento produtivo no exterior. Hoje, uma ordem de câmbio gera até oito operações secundárias, abrindo assim um espaço desmedido e desnecessário para a especulação. O tributo Tobin reduziria a dimensão do mercado de câmbio sem paralisá-lo. Agiria a título preventivo ao tornar não lucrativas certas operações especulativas no mercado de câmbio, e evitaria, desta maneira, a formação de ataques desestabilizadores contra as moedas.

A cobrança, no mercado de câmbio, de ingressos tão caros quanto os de cassinos

Tobin buscou em J.M. Keynes a fonte de sua proposta. Partindo da constatação de que os investidores financeiros consideram as moedas essencialmente um tipo de ativo financeiro entre outros, ele julga necessário aplicar ao mercado internacional de câmbio as mesmas medidas preconizadas por Keynes, em 1936, para as bolsas de valores, particularmente para a da Wall Street.

Vejamos o que diz Keynes no capítulo XII de *A Teoria Geral do Emprego, dos Juros e da Moeda*, até hoje seu livro mais importante: *"Admite-se, geralmente, que no próprio interesse público, o acesso aos cassinos deva ser difícil e caro. Este princípio poderia também ser válido para as bolsas. O fato de o mercado londrino ter cometido menos excessos do que o de Wall Street, talvez se deva menos a uma diferença de temperamento nacional do que ao caráter inacessível e bastante dispendioso, para os padrões ingleses, de Throgmorton Street, se comparado às facilidades de Wall Street por um americano típico. As onerosas comissões dos corretores, os pesados impostos cobrados pelo Estado sobre as transferências que acompanham as transações na Bolsa de Londres, diminuem a liquidez do mercado o suficiente para dele retirar uma grande parte das operações típicas de Wall Street. A criação de um pesado imposto estatal atingindo todas as transações seria talvez a medida mais salutar para permitir atenuar a predominância da especulação sobre a atividade produtiva, nos Estados Unidos".*

É absolutamente indispensável observar que foi o modelo de Wall Street, favorável à liberalização e à desregulamentação financeiras — o modelo da livre entrada —, que finalmente prevaleceu. Estamos muito distantes da pesada tributação sobre as transações nas bolsas preconizada por Keynes. Foi àquele modelo que a City de Londres e todas as outras bolsas se alinharam. Os liberais americanos se vangloriam da "formidável democratização" das operações de investimento na bolsa. Qualquer pessoa pode ganhar dinheiro com a especulação. Foram os pequenos acionistas dos fundos mútuos de investimento que se transformaram em compradores quando da queda das cotações em setembro de 1998, de modo que uma espécie de "bomba financeira de efeito retardado", nas palavras de muitos analistas, ameaça novamente o sistema financeiro e a economia capitalista mundial.

Retornando aos mercados de câmbio, o fato de as moedas estarem sob o domínio dos operadores financeiros e de suas operações não serem taxadas, serviu para estender a esses mercados atividades especulativas organizadas que são o apanágio dos mercados de ações e de todos os mercados nos quais as mercadorias são transformadas em ativos financeiros. É isso o que Tobin quer evitar que aconteça com as moedas soberanas, que são instrumentos econômicos fundamentais para o funcionamento de todas as formas de organização da produção que recorrem, ainda que parcialmente, ao mercado.[23]

Inspirando-se em Keynes, Tobin faz, pois, uma proposta sensata em artigo de 1978 — a de tornar oneroso o acesso ao mercado de câmbio para qualquer operação cambial cujo objetivo seja uma posição temporária em relação a uma moeda com fim especulativo. O tributo limitaria a especulação e estabilizaria o mercado ao nível do montante das operações de câmbio realmente necessárias aos investimentos e às transações comerciais, "filtrando" suas operações de maneira muito simples. Suponhamos que um operador financeiro convertesse o franco em dólar. Ele pagaria, por exemplo, um tributo de 0,1% sobre a transação. Se ele convertesse em seguida o dólar em franco, ele pagaria de novo o mesmo tributo de 0,1%. Se ele realizar estas operações de ir-e-vir uma vez por dia, o montante anual do tributo a pagar chegará a 48%. Em caso de ida-e-vinda semanal, o montante anualizado não passará de 10% e será 2,4% em caso de idas-e-vindas mensais. Graças à filtragem assim realizada o tributo acentuaria unicamente o peso das antecipações de longo prazo relativas às taxas de câmbio, aquelas que orientam as decisões de investimento das empresas, em detrimento das antecipações de curto prazo, que obedecem às estratégias de lucro.

Os indivíduos que trocam dinheiro quando viajam ou que recebem ou pagam uma soma de dinheiro em divisa estrangeira, não são "taxados" pelos bancos sob a forma de comissões impostas, e que continuam a existir mesmo após o "nascimento do euro"? Se isso freia o montante dessas transações individuais, por que não aconteceria o mesmo com os especuladores financeiros que fazem disso um "ofício"?

Objetivos econômicos e objetivos de solidariedade internacional

Para Tobin e para os que apóiam sua proposta, o principal efeito e a vantagem dessa filtragem seria devolver às políticas monetárias nacionais um pouco da autonomia que elas perderam face aos mercados financeiros. A tributação implicaria, dentro de certos limites, remover da determinação das taxas de juros nacionais o objetivo de atender às necessidades de manutenção da paridade da moeda. Tornar-se-ia menos necessário, do que o é atualmente, aumentar as taxas de juros para defender a taxa de câmbio. A política monetária poderia assim ser mais facilmente colocada a serviço dos investimentos. A segunda conseqüência do tributo Tobin seria a de criar uma forma de imposto sobre o capital cuja vantagem sobre os demais está em ser uniforme em nível mundial. Aos olhos do próprio Tobin, este não é o principal objetivo da medida. O imposto e seus desdobramentos são considerados por ele apenas um "subproduto". Entre os atuais defensores do tributo, politicólogos e militantes de organizações não governamentais (as ONG), dá-se o inverso. Assim, lê-se na plataforma da ATTAC que *"ainda que fixada a uma taxa particularmente baixa de 0,1%, seriam arrecada-*

dos cerca de 100 bilhões de dólares por ano. Essa soma, coletada fundamentalmente nos países industrializados, onde estão localizadas as grandes praças financeiras, poderia ser utilizada em ações de luta contra todas as desigualdades, inclusive a desigualdade entre os sexos, para o desenvolvimento educacional e melhoria da saúde pública nos países pobres, para a segurança alimentar e o desenvolvimento sustentável".

A aplicação desse tributo que exige, como veremos, a adesão dos países onde se concentram as operações de câmbio, fundamentalmente os países do G7, além de Hong kong e Cingapura, implicaria também um acordo comum quanto a sua forma de recolhimento e distribuição. As receitas poderiam servir para financiar políticas de recuperação econômica e de luta contra a pobreza em escala nacional e internacional, bem como políticas emergenciais de interesse coletivo em escala mundial. É difícil estimar o volume potencial dessas receitas. Ele depende do valor da taxa — que varia de 1% a 0,1% segundo propostas (a maior parte dos cálculos baseia-se hoje na hipótese de um valor em torno de 0,25%) — e estamos certos de que sua aplicação traria como conseqüência a redução do volume das transações, o que é exatamente o seu objetivo. Um dos argumentos favoritos dos adversários desse tributo, são as dificuldades que poderiam ter os países nos quais as operações de câmbio se concentram, em entrar em acordo sobre a distribuição das receitas oriundas da tributação dos capitais, bem como sobre o emprego da parcela que não irá permanecer com eles. Na França, o relatório *Davanne* (*veja nota 1*) estende-se longamente sobre esta questão, com bastante ironia, enquanto os participantes da Conferência Internacional de 1995 (*veja nota 2*) dedicaram pouquíssimo tempo para tratar da arrecadação e utilização do imposto, uma vez que seu objetivo era demonstrar que ele contribuiria para uma re-regulamentação do sistema financeiro mundial.

O primeiro grupo de objeções: defender a inviolabilidade das taxas de câmbio flutuantes

A primeira categoria de objeções refere-se àqueles que assumem a existência das taxas de câmbio flutuantes considerando-as a única forma concebível de regime cambial[24] no contexto de uma mundialização financeira com características irreversíveis. Desde o estabelecimento das taxas flutuantes, os mercados de câmbio passaram a cumprir duas funções. A primeira consiste em assegurar, como ocorre em qualquer sistema de câmbio, as transações internacionais (comércio internacional, investimentos diretos no exterior, investimentos em carteira) organizando a relação de troca entre as moedas. A segunda, num sistema de câmbio flutuante, logo instável, é a de favorecer a união entre os operadores, instituições financeiras ou empresas industriais, que desejam se precaver contra as conseqüências de uma variação das taxas de câmbio e os que aceitam assumir certos riscos na expectativa de lucrar com essas variações. Os câmbios flutuantes fazem com que essas duas funções sejam inseparáveis. Como as variações das taxas de câmbio são permanentes, é quase impossível realizar uma transação internacional sem incorrer em risco. É, pois, impossível também acabar com os especuladores, pois somente eles estão dispostos a assumir os riscos que os demais rejeitam.

Lembremo-nos de que o argumento segundo o qual a especulação é inerente ao funcionamento dos mercados de câmbio só procede se considerarmos que está fora de discussão o retorno a um sistema de câmbio flexível na forma de bandas cambiais tendo como referência as três maiores divisas. Ademais, com base nos dados mencionados mais acima, deduzimos que o volume das transações no mercado de câmbio, não guarda a menor relação com o que é necessário para garantir o bom funcionamento do comércio mundial. Ainda que o estabelecimento de um tributo sobre as transações reduzisse seu montante absoluto, o volume das transações financeiras seria suficiente para cobrir os riscos associados às operações de comércio internacional.

Os que se opõem à taxa Tobin afirmam, também, que qualquer entrave à mobilidade dos capitais resultaria na redução da liquidez dos mercados, o que aumentaria a volatilidade das taxas de câmbio. A pertinência dessa crítica repousa numa suposta ligação entre a liquidez e a estabilidade dos mercados. Ora, tal ligação não foi comprovada. Ao longo das duas últimas décadas observou-se, ao contrário do suposto, um aumento paralelo do volume dos mercados de câmbio e de sua instabilidade. Na mesma linha de raciocínio Milton Friedman, porta-voz dos liberais de Chicago, e a corrente monetarista vêm defendendo, desde os anos 50, uma concepção de mercado financeiro em que a especulação seria naturalmente estabilizadora. O especulador seria capaz de determinar os preços de equilíbrio. Ele venderia quando o preço atual fosse superior ao preço de equilíbrio para aproveitar a alta, e dessa maneira precipitaria o retorno ao equilíbrio. Pelas mesmas razões, ele compraria quando o preço de mercado fosse inferior ao preço de equilíbrio. Os fatos desmentiram essa teoria. O surgimento do regime de câmbio flutuante ampliou a especulação sem que a volatilidade das taxas de câmbio reconduzisse ao equilíbrio os déficits em transações correntes, e aumentasse a autonomia das políticas econômicas. A idéia de que a especulação é sempre estabilizadora consiste numa profissão de fé. Segundo os monetaristas, as taxas de câmbio de equilíbrio existiriam, os especuladores as conheceriam e as tomariam como referência, possibilitando assim a volta ao ponto de equilíbrio. Tomemos um exemplo: em relação à inflação e ao nível da taxa de juros — dois fatores econômicos "fundamentais" que, por suposto, afetam o comportamento dos especuladores — o franco francês não se achava sobrevalorizado em relação ao marco alemão em 1993. Isso, contudo, não impediu os ataques especulativos contra o franco de que falamos anteriormente.

O segundo grupo de objeções: as dificuldades práticas de sua implementação

A segunda série de argumentos diz respeito à implementação do tributo, à sua viabilidade. A primeira objeção relativa à sua viabilidade econômica atém-se ao fato de que o tributo Tobin só pode ser posto em prática se todos os países a adotarem simultaneamente. Caso contrário, como os capitais financeiros têm muita mobilidade, eles migrariam em massa para os países que não a tivessem adotado. E, o que é pior, do ponto de vista de alguns países, o racional seria não adotá-la, dado o objetivo de atrair a maior parte dos capitais que estariam em fuga.

É verdade que esta medida, por sua própria natureza, exige que seja implementada pelas principais praças financeiras do mundo. Dando a entender que o pedido dirigido ao governo Jospin fosse o de aplicar o tributo tão-somente na França, o que colocaria em risco a "reputação da França", o relatório *Davanne* (*pág. 47*) comete um equívoco. Ou então, o que é mais provável, ele tenta ridicularizar os defensores do tributo Tobin. Estes não pedem à França que o aplique sozinha, nem mesmo que o façam os países reunidos em torno do euro. Eles pedem a esses países que utilizem todo seu peso político e financeiro para que essa medida seja acatada (como Tobin preconizava desde o início) pelo círculo restrito dos países que participam do mercado de câmbio, cujo alto grau de concentração já foi mencionado. A lista total compreende os países do G7, os outros países da União Européia não membros do G7[25] e ainda a Suíça, Cingapura, Hong kong e Austrália. Outro argumento do relatório *Davanne* é que a aplicação efetiva do tributo estimularia o uso dos mercados eletrônicos — o que é uma forma de admitir que não se sabe, nem mesmo, se a TVA [*Nota dos revisores técnicos:* Imposto sobre Valor Adicionado, equivalente no Brasil ao IPI e ao ICMS] continuará a ser cobrada na medida em que um crescente número de transações comerciais já emprega essa via. O controle das transações por meio do mercado eletrônico suscita um problema seríssimo para os governos dedicados a "respeitar a propriedade privada e a liberdade de comércio" quaisquer que sejam as conseqüências.

A idéia segundo a qual os paraísos fiscais como as Bahamas ou as Ilhas Cayman poderiam por si sós derrubar o princípio subjacente à taxa, é no mínimo exagerada. Como observou James Tobin, se esses paraísos fiscais fossem tão atrativos, como explicar que o capital financeiro internacional não tenha ainda migrado para lá maciçamente para escapar de qualquer tipo de imposto? O modo atual de funcionamento dos mercados de câmbio diferencia o lugar donde se transmite uma ordem de compra ou venda de divisas (*trading site*), daquele onde se fazem os registros contábeis (*booking site*) e ainda, do lugar onde a transação é compensada (*settlement site*). Como as transações comerciais e os investimentos diretos são negociados nos grandes centros econômicos mundiais e muito raramente nos paraísos fiscais, bastaria que as transações de câmbio fossem taxadas no lugar de negociação, para que os custos fixos trazidos pelo deslocamento dos "trading rooms"[26] dissuadissem os operadores de querer escapar da tributação migrando para países que se recusam a aplicá-la. É tão-somente quando um banco decide modernizar ou montar um novo "trading room" que a questão de seu estabelecimento num paraíso fiscal poderia ser levantada. Para barrar esse fenômeno de migração progressiva, os especialistas propõem, então, a aplicação de uma taxa punitiva[27] para todas as transações envolvendo um país que se recuse a aplicar o tributo. Neste caso, apenas as transações feitas entre dois paraísos fiscais poderiam livrar-se do tributo. Portanto, seria necessário que um grande número de bancos e outros agentes financeiros decidissem migrar para que as vantagens associadas à evasão fossem compensadas por aquelas relacionadas à grande liquidez e às economias de escala que existem nas grandes praças financeiras.

Os opositores do tributo adiantam, também, a possibilidade de evasão pela substituição dos produtos derivados pelas transações em dinheiro no mercado de câmbio. A resposta a essa objeção é que, teoricamente, o tributo deve estender-se a todas as operações associadas ou derivadas — contratos a termo, swaps ou opções etc. Outro problema relativo à substituição é a possibilidade de se trocar bônus do Tesouro por outros bônus do Tesouro com prazos iguais de vencimento, ao invés de trocá-los por divisas. Este tipo de substituição não elimina riscos, pois os substitutos da liquidez nunca são perfeitos. Cada parte teria de comprar os bônus do Tesouro, trocá-los, depois vendê-los, o que acarreta custos a cada transação. Se as transações não estiverem perfeitamente sincronizadas, as duas partes ficarão sujeitas aos riscos da variação da taxa de juros em cada país. E tudo isso para fugir do pagamento à vista de um modesto tributo sobre o mercado de câmbio. Corre-se o risco de todo esse jogo não valer um centavo sequer.

Enfim, sabemos que todo imposto estimula a sonegação por parte de certos (mas nem todos) agentes econômicos que não querem pagá-lo. No entanto, ninguém jamais reivindicou a sério a supressão do imposto de renda por conta da existência da fraude fiscal. Por outro lado, sabemos que um imposto menor não é garantia de uma melhor arrecadação. Sob quais argumentos é preciso exigir do tributo Tobin uma sonegação fiscal zero para que ele se torne legítimo? Lembremos, por fim, o caráter extremamente concentrado do mercado, particularmente ao nível das empresas que efetuam as operações de compensação (as "International Clearing Houses" de que falamos acima). A questão não é a viabilidade da proposta mas sim avaliar o quanto sua implementação e o retorno dela decorrente significariam em termos de um passo em direção ao controle de uma categoria de transação – aquela pela qual a mundialização financeira começou. Para encerrar a presente discussão, citemos o texto que a ATTAC encaminhou à mídia, quando da semana de manifestações que organizou juntamente com outras entidades, para a abertura do Fórum Econômico Mundial" de Davos. Este texto resume bem a problemática em questão: "Há quem julgue ineficaz o tributo Tobin, por conta da capacidade dos operadores financeiros de driblá-lo. Contudo, é da natureza de qualquer imposto deparar-se com a sonegação legal ou ilegal, o que nunca impediu, todavia, que algum imposto fosse criado. A sonegação se combate quer por meios regulamentares, quer por meio da fiscalização dos bancários e assalariados de outras instituições financeiras e seus sindicatos. Um debate mais profundo — cujos dados principais já são conhecidos — permitirá a elaboração de medidas adequadas à anexação e à adaptação do tributo Tobin a todos os instrumentos financeiros do mercado cambial".[28]

As implicações decorrentes da natureza do tributo Tobin, em relação ao caráter internacional que a campanha deve necessariamente assumir, não passaram despercebidas pelos fundadores da ATTAC. Como se trata de uma medida que deve ser implementada pelas principais praças financeiras mundiais, a mesma reivindicação encaminhada ao governo francês deve igualmente ser feita aos governos dos demais países da União Européia e do G7. Comitês e associações prontos a fazer campanhas de caráter internacional, ao lado da ATTAC, pela tributação das transações cambiais, já começam a se formar em vários países. Estas campanhas se estendem a outras questões relevantes que se sobrepõem ao tema — a anulação da dívida, o combate aos paraísos fiscais e aos mecanismos que facilitam a lavagem de dinheiro, assim como aos procedimentos judiciários morosos e complicados — e devem alcançar os espaços de todos os continentes.[29]

IV

"CONTROLAR" OU COMBATER A MUNDIALIZAÇÃO FINANCEIRA?

Percebe-se que o tributo Tobin é uma medida ponderada e sensata, à semelhança do professor que a propôs. Face à onda avassaladora do liberalismo e da desregulamentação financeira, ele teve a coragem de jamais abandonar suas posições keysenianas. Como ressalta o texto já citado da ATTAC, publicado durante a semana de manifestações organizada com outras entidades, na abertura do Fórum Econômico Mundial de Davos, "a aplicação do tributo Tobin não será um remédio milagroso. Uma vez que seu campo de atuação se limita às operações no mercado de câmbio, ela pertubaria apenas os movimentos especulativos de curto e curtíssimo prazos. Não se trata de uma tributação sobre o conjunto dos rendimentos financeiros provenientes de ações, obrigações e de outros ativos".[30] A tributação de tais rendimentos depende hoje, exclusivamente, dos sistemas tributários nacionais. Vimos antes, que estes se estruturam cada vez mais em benefício dos rendimentos financeiros e deixam-se curvar ante a ameaça de fuga dos capitais (ou da parcela não dispendida dos rendimentos mais elevados) para os paraísos fiscais vizinhos: Europa, Suíça, Luxemburgo ou as ilhas anglo-normandas. No plano da tributação, o tributo Tobin deverá ser aperfeiçoado pela introdução de taxas complementares.[31] Como assinalado no texto supra citado: "O importante do tributo Tobin é (então) seu caráter internacional. Sua plena implementação implica antes um acordo entre os países dispostos a cooperar do que uma rivalidade entre eles. Mesmo em seu preâmbulo, a implementação requer uma estreita aliança entre os países do grupo à frente da iniciativa. Sendo assim, o tributo se constituirá num embrião do controle internacional da especulação financeira. E, mesmo se referindo tão-somente ao mercado de câmbio, é aí que se cruzam todas as operações financeiras internacionais com todos os tipos de ativos, inclusive os investimentos a longo prazo no exterior. Como o tributo Tobin visa a restituir uma maior autonomia às políticas econômicas internas, em relação à especulação financeira com as moedas, ele fortalecerá as medidas internas de tributação dos rendimentos financeiros e a fiscalização pública dos investimentos externos".

Um número de medidas que os governos dos países do G7, entre os quais o de Lionel Jospin e o da "esquerda plural", rejeitam categoricamente. Por quê? Porque, dizem seus porta-vozes, isto abalaria a liberalização financeira, obstaculizando "a irrigação do planeta com os capitais para desenvolvê-lo"(termos líricos empregados pelo Sr. Barre no encontro de cúpula de Davos em janeiro de 1997, que precedeu a crise financeira asiática e o início da virada rumo à recessão mundial). A recusa desses governos de analisar a adoção de um tributo sobre as transações de câmbio, bem como as propostas que o G7 e o FMI apresentaram como alternativas, esclarece a natureza do sistema financeiro internacional criada pela mundialização financeira e o apoio que os principais governos oferecem ao capital financeiro.

O sentido das propostas de "reforma" do sistema financeiro mundial

A maior parte das propostas a que os porta-vozes governamentais e a imprensa se referem de forma enganosa pelo nome de "reformas" limita-se a recomendar o avanço da "transparência" na gestão das instituições financeiras privadas e públicas, assim como um domínio maior e mais direto do FMI sobre o sistema financeiro e, portanto, sobre as economias dos países considerados "emergentes". As propostas visam em primeiro lugar os bancos, que têm sido incriminados por seu papel na propagação das crises financeiras, enquanto o dos fundos de investimento tem passado totalmente em branco. A exigência de "transparência" é totalmente relativa, pois ela não fere o sigilo bancário. As propostas incluem a obrigação dos bancos de dar às autoridades o máximo de informações sobre o volume de seus compromissos (com um início de controle sobre as operações bancárias classificadas "hors bilan" — "o caixa dois")[32], a fiscalização dos balanços bancários com a aplicação mais rigorosa da regulamentação Cook (que exige dos bancos uma reserva mínima de capital próprio na razão de seu endividamento para tentar limitar os riscos de crédito) e outras medidas da mesma ordem. A outra categoria de propostas visa os países "emergentes", cujas políticas econômicas e a precariedade das informações por eles fornecidas sobre aspectos específicos de sua realidade foram consideradas, por muitos economistas oficiais (ou seja, a diretoria do FMI), a causa principal das crises financeiras mexicana e asiática. O FMI propôs, então, que uma abertura da "conta de capital" dos países "emergentes" (maior do que a atual, para permitir que os fundos de investimento penetrem nos países aos quais eles não têm pleno acesso) seria acompanhada de medidas chamadas de fiscalização, cuja aplicação terminaria por submetê-los à tutela do FMI.

Uma das medidas complementares aclamadas pela imprensa especializada é a incorporação dos bancos locais dos países "emergentes" aos bancos internacionais, a pretexto da desvalorização desses bancos por força das crises financeiras que sofrem. De uma maneira um pouco mais "elegante", o relatório *Davanne*, o qual já foi várias vezes mencionado neste livro, recomenda, na página 22, "a abertura do capital dos bancos (desses países) às grandes instituições internacionais que souberam desenvolver formas eficazes de controle interno".[33] Partindo de alguém oriundo de um país onde a "forma de controle" deixou os administradores do Crédit Lyonnais se envolverem em dezenas de negócios duvidosos e acumularem outras dezenas de bilhões de dívidas "socializadas" à custa do contribuinte francês, a recomendação evidencia simultaneamente cinismo e irresponsabilidade total. O relatório *Davanne* reivindica igualmente ao FMI um esforço vigoroso de ingerência nos rumos internos dos países em desenvolvimento.

As propostas de "reforma" mais "radicais" são aquelas que procuram responder de forma direta à reivindicação dos grandes fundos de investimento de obter maior segurança e um "melhor ambiente internacional" para seus investimentos. O relatório *Davanne* dedica-se, então, a procurar os meios que permitiriam superar a "falha mais visível do funcionamento dos mercados atuais (que) é o horizonte temporal bastante curto dos investidores" (*página 19*). A melhor forma de "ampliar esse horizonte" é lhes oferecer reais garantias contra os riscos, quer dizer, estabelecer uma rede de segurança que lhes permita realizar suas operações com absoluta confiança. Trata-se, em suma, de criar, em escala mundial, os mecanismos de salvaguarda, sem custos ou sanções, que já beneficiaram tantas instituições financeiras — nos Estados Unidos, as caixas de poupança privadas e, na França, o Crédit Lyonnais.

Este é o sentido das propostas feitas pelo economista liberal americano Jeffrey Sachs, crítico mordaz do FMI desde o início da crise financeira na Ásia, o qual ele acusa de não ter exercido seu papel de emprestador de última instância em relação à Tailândia e sobretudo à Indonésia (Jeffrey Sachs foi um ardente defensor de Sukarno e de seu regime). Ele propõe conceder aos investidores o máximo de segurança e recomenda a instauração de um organismo mundial, além do FMI, que venha a emitir, sem restrições e com a máxima rapidez, dinheiro novo para evitar falências governamentais e bancárias. Esse organismo faria o que o Banco central americano, o FED, fez pela Bolsa de Wall Street, em outubro de 1997: emprestar sem condicionalidades os fundos para bloquear o *crash*, operação que ele realizou outra vez em novembro de 1998 quando organizou, sem questionar qualquer coisa, a salvação do fundo especulativo, LTCM. Esse organismo se encarregaria de socorrer países e instituições à beira da falência, isentando os investidores financeiros institucionais das sanções decorrentes dos investimentos malsucedidos.

Na França, o projeto de lei do orçamento de 1999 (*veja nota 16*) comporta também outras propostas de reforma do FMI. O Ministério da Economia e da Fazenda rejeita o tributo Tobin, mas manifesta sua ambição de persuadir os países do G7 a iniciar a construção de nada mais nada menos que de um "novo Bretton Woods" (*página 71*), ou seja, um novo acordo de cooperação monetária mundial entre os Estados nacionais. Por detrás desta proposta grandiosa, os objetivos explícitos são modestos e têm, sobretudo, o fim de implantar um comando econômico e político mundial direcionado aos países mais fracos, do qual a França participaria ao lado dos outros países do G7. Não se trata de adotar um novo regime cambial, nem de abolir a hierarquia internacional das moedas fundada sobre a dominação das divisas-chave. O que se pretende é tão-somente implantar um "verdadeiro governo político do FMI, pela transformação do atual Conselho Provisório". Seguem-se no texto do projeto de lei orçamentária (*página 72*) um enxame de recomendações corriqueiras sobre a transparência e a circulação das informações, e as medidas de gerenciamento co-participativo com o setor privado das crises financeiras sempre que estas se manifestarem etc.

As novas investidas dos "fundos de pensão à francesa"

Nós nos deparamos, então, com um conjunto de projetos, cujo sentido é permitir a perpetuação do mercado financeiro mundializado, por meio da extensão da socialização das perdas aos contribuintes[34], assim como a implantação de "meios de supervisão" dos países em desenvolvimento, cujos mercados financeiros "emergentes" e cujos governos sejam "inexperientes". No G7, no FMI e em Davos, a maior preocupação daqueles que pretendem manter o monopólio das decisões que determinam o futuro do mundo é a de preservar a existência de uma economia orientada para a transferência de recursos de certas classes ou camadas sociais e de certos países para outros. Trata-se, para eles, de superar, como assinala o relatório *Davanne*, a dificuldade crônica das forças de mercado de "transferir a poupança dos países desenvolvidos para os países em desenvolvimento" (*página 17*), ou seja, de consolidar os fundamentos do sistema que autoriza os fundos de pensão e de investimento alocar sua liquidez em todos os mercados financeiros onde a detenção de obrigações ou de ações permite auferir fluxos de rendimentos estáveis e elevados.

Vejamos o que diz o deputado socialista Jean-Claude Boulard, recém-convertido aos fundos de pensão, que tem o mérito de descrever os mecanismos em jogo com muita clareza: "A real contribuição dos fundos de pensão é possibilitar a apropriação prévia de uma parte do crescimento exterior". No presente momento, a França é objeto deste mecanismo de apropriação e de transferência internacional; é preciso, ao contrário, que ela seja favorecida: "Se nós não nos mexermos, dentro de dez anos, através dos fundos de pensão anglo-saxões, uma parte do crescimento interno financiará as aposentadorias ou pensões dos não residentes, enquanto que nós teremos apenas nosso pró-

prio crescimento para financiar nossas próprias aposentadorias. Um país desenvolvido e demograficamente enve-
lhecido como a França, deve compulsoriamente ampliar a
base do financiamento de suas aposentadorias. Participan-
do, por exemplo, do financiamento do crescimento de um
país como a China, os fundos de pensão irão se apropriar
antecipadamente da produção interna chinesa".[35] Bela
ambição para fazer a juventude sonhar e abrir-lhe perspectivas para o futuro! Ambição análoga à do ministro da
Educação Claude Allègre, ao qual o primeiro-ministro levou pessoalmente seu apoio face aos protestos dos professores contra a sua política. Claude Allègre está desmante-
lando o sistema público de ensino para torná-lo menos oneroso e adaptá-lo à "realidade" de 2,5 milhões de desempregados permanentes, dos que realizam trabalhos precá-
rios e dos CDD, mas no seu projeto de lei sobre a "inova-
ção" (uma lei que planeja a destruição da pesquisa francesa considerada por Allègre insuficientemente submetida à
mercadorização!), ele se faz defensor dos quadros de executivos dos bancos e das empresas privadas, vítimas mal-
fadadas de uma tributação "pesada" (a do governo Juppé!)
sobre os prêmios de suas ações (as "stock-options"). A cada
nova "reforma" que preconiza, Claude Allègre revela-se
um dos homens do "capitalismo dos fundos de pensão"
dos mais conscientes e ativos no seio do governo. Foi em
prol de todos os assalariados e em defesa da concepção
mais fundamental de participação no organismo social, que
os professores e os estudantes começaram a se manifestar
contra a política do ministro e seus inúmeros projetos (desde
o CNRS até a escola primária) cujo fio condutor é sempre
a "adaptação" da sociedade francesa à mundialização financeira e à dominação dos rendimentos financeiros. Eles
merecem o apoio absoluto de todos e de todas. Em seu
artigo no *Le Monde*, o socialista Jean-Claude Boulard con-
testa, evidentemente, qualquer denúncia de "neo-imperia-

lismo".[36] Segundo o autor, a idéia por ele defendida é simplesmente "lógica". Não é outra a lógica senão a da economia internacional da transferência de riqueza entre as classes e as categorias sociais e entre os países, consolidada pela liberalização e mundialização financeiras. Nesta economia cujos mecanismos de apropriação residem nos mercados de títulos, a especulação é inerente à busca de melhores rendimentos. Para gerir a enorme liquidez concentrada nas mãos dos gestores dos fundos, estes diversificam suas carteiras (portfólios) de modo a combinar dois níveis, o dos mercados nacionais e aquele das categorias de títulos. A gestão da liquidez supõe a reavaliação constante das carteiras, isto é, o investidor confere sistematicamente se suas aplicações são as que propiciam a melhor relação custo/benefício.[37] O gestor de fundos que realiza investimentos procura, por definição, o melhor rendimento. Ele troca, então, permanentemente, uma divisa por outra, um título de empresa por outro, bônus do Tesouro de um país por outros de diferentes países. Não fará sentido tomar medidas contra a especulação a não ser que elas sejam introduzidas e acompanhadas de outras que combatam os mecanismos de transferência de renda e de riqueza. Como caracterizar a posição do primeiro-ministro da Malásia quando ele vocifera contra o complô fomentado por Georges Soros e "financistas judeus" no momento em que os grandes fundos financeiros se retiraram de seu país em 1997 e recebe, em meados de fevereiro de 1999, os seus representantes com grande pompa para lhes pedir que voltassem a investir em seu país? E junto a nós, como caracterizar a posição daqueles que, alinhados aos amigos de Robert Hue e do ministro Jean-Claude Gayssot, alardeam o escândalo quando os fundos de pensão anglo-saxões se desfazem dos títulos da Alcatel, mas que apóiam e organizam a continuidade das privatizações, numa escala e ritmo que Alain Juppé jamais sonharia. Não se pode privatizar colocando as ações das grandes empresas públicas ou nacionalizadas junto dos investidores anglo-saxões — ontem France Télécom, hoje Air France — e mais tarde vir a se indignar quando esses se comportam como acionistas privados ansiosos por seus lucros e pela rentabilidade máxima de suas carteiras (portfólios). A mesma observação vale para aqueles que desejam nos fazer "engolir o sapo" de uma gestão de fundos de pensão que se fará "à la française". É impossível defender seriamente, como tentam fazê-lo as direções sindicais como as da CGT, que anteriormente defendiam o sistema por repartição[38], que uma acumulação de poupança subtraída dos salários para ser valorizada financeiramente será, na França, diferente dos países onde a previdência privada por capitalização já foi instaurada.

Em virtude de ser franceses, escapariam os fundos de pensão da diversificação geográfica dos investimentos e da procura desta "transferência de riqueza do exterior" da qual fala Jean-Claude Boulard? De que maneira eles se apartariam milagrosamente dos critérios de gestão dos valores negociados em bolsa e do "governo de empresa"? Está no papel dos sindicatos pedir em nome de um pequeno grupo de assalariados, os que ainda irão usufruir por muito tempo do contrato de trabalho por tempo indeterminado, que eles participem da direção da empresa juntamente com o capital? O único resultado concreto de tudo isso seria fornecer à Bolsa de Valores de Paris um lance maior de liquidez que lhe capacite resistir às mudanças na composição das carteiras e à saída dos investidores e garantir, assim, aos investidores institucionais franceses (companhias de seguro e bancos), como aos detentores das "stock-options", a segurança de seus ganhos financeiros!

O balanço atual da mundialização e a engrenagem da recessão mundial

A economia internacional de transferência de riqueza entre classes e categorias sociais, assim como entre países, produz um desemprego crônico, a precariedade das relações de trabalho, "a exigência de flexibilidade" e os baixos salários. O mais recente relatório da Comissão das Nações Unidas para o Comércio e o Desenvolvimento, CNUCED, nos informa que a taxa média anual de crescimento da economia mundial alcançou pouco mais de 2% ao longo do decênio 1989-1998.[39] A renda per capita mundial caiu, ao mesmo tempo que as desigualdades, já bastante acentuadas, se agravaram entre os países e no interior dos mesmos. Em sua plataforma já citada *(veja nota 2)*, a ATTAC tem a legitimidade de dizer que a desregulamentação iniciada na esfera financeira invadiu, paulatinamente, as condições de trabalho e de emprego, um atentado, portanto, ao conjunto do tecido social: "A desregulamentação afeta o conjunto do mercado de trabalho dando lugar à degradação das condições de trabalho, ao aumento de sua precariedade e do desemprego, e ao desmantelamento dos sistemas de proteção social".

As sucessivas crises financeiras dos últimos dez anos, em circunstâncias múltiplas e variadas, situam-se nesse contexto. Elas não são apenas conseqüência da instabilidade inerente aos mercados financeiros, mas a forma de manifestação do lento crescimento e da superprodução endêmica que têm persistido ao longo dos anos 90. A superprodução, assim como Marx a explicou, é sempre relativa — longe de expressar um excedente de riqueza, ela é o testemunho de um sistema cujos fundamentos põem limites à acumulação em razão dos mecanismos de distribuição que lhe são endógenos. Já há uns vinte anos que observamos o ressurgimento das piores catástrofes como a desnutrição, senão a fome, as enfermidades, as epidemias freqüentes nos países do Terceiro Mundo e, nos países da OCDE o aumento do número dos desempregados, do trabalho precário, dos sem-teto, dos que lutam por seus direitos abolidos. Estas catástrofes não são "naturais". Elas afligem as populações marginalizadas e excluídas do círculo da satisfação das necessidades elementares, a base da civilização, devido à sua incapacidade de transformar suas necessidades imediatas em demanda factível, em demanda monetária. Esta exclusão é, portanto, de natureza econômica. Mais recente em certos casos, ela se agravou enormemente em todos os países em relação à situação dos anos 70. Ela é um produto direto do regime de acumulação com predominância financeira nascido da desregulamentação e da liberalização. Para os apologistas da "mundialização gloriosa", é digno celebrar "a vitória do consumidor sobre o produtor" bem como a "vingança dos credores". Parecem esquecer que os "produtores", quer dizer, os assalariados, são também consumidores e que, com o desemprego dos operários nos países capitalistas avançados, da superexploração dos que vivem em países para onde afluem os capitais e da privação dos camponeses de seus meios de subsistência por todo o Terceiro Mundo, a concorrência deve intensificar-se cada vez mais face a um mercado que não cresce no ritmo requerido pela produção.

Esta contradição veio à tona primeiramente na Ásia, envolvendo em breve toda a economia mundial. Desde julho de 1997, três mecanismos de propagação internacional da crise se desenvolvem — na produção, no comércio e nos preços; no sistema bancário e no plano das bolsas de valores. O primeiro mecanismo, que penetra e se propaga com maior vigor, redunda na queda da produção e das transações comerciais. Iniciou-se na Ásia, por representar um terço do comércio mundial e por ter se constituído, ao longo dos anos 90, na única região com crescimento industrial sustentado, exceção feita aos Estados Unidos. A esta altura, a propagação se processou pelo viés do efeito conjugado e cumulativo da recessão interna num conjunto de países e de mercados exportadores, na região onde os países atingidos estavam todos concentrados. Depois de ter começado a devastar a Ásia, mas sem que tenha chegado ao fim (China, Hong Kong, Taiwan ainda não foram totalmente afetados), este processo começou a se estender mundialmente. De um lado, ele abriu uma concorrência acirrada entre os países exportadores, na Ásia em primeiro lugar, e depois em nível mundial; e, de outro, ele ocasionou uma retração rápida e significativa das importações necessárias à produção industrial. Neste momento foram os países produtores de matérias-primas, petróleo inclusive, que foram os mais fortemente atingidos. Tanto os preços quanto a demanda continuam em queda.

O segundo mecanismo opera nos bancos internacionais e, devido à função que desenvolvem, nas instituições de crédito. A transmissão da crise nasce do aumento do peso dos créditos ruins nos balanços dos bancos logo após a insolvência, mesmo "momentânea", dos grandes devedores, tanto no centro do sistema financeiro mundial como nos "mercados emergentes". O aumento desses créditos nos balanços dos bancos internacionais afeta a longa e frágil cadeia de créditos e débitos que os une. É a amplitude de certos créditos que se tornam irrecuperáveis, ou quase, e a gravidade das repercussões da situação de insolvência sobre os bancos internacionais detentores (de títulos), que vieram rapidamente dominar os episódios que marcaram a progressão mundial da crise em 1998. No caso do Japão, este mecanismo de propagação está intrinsecamente vinculado à retração do comércio e à deflação na região-continente. Era principalmente este mecanismo que estava em operação no caso da Rússia. O peso deste país no comércio mundial é bem pequeno (apenas 1%), mas sua insolvência financeira e a ruína de seu sistema financeiro vieram a enfraquecer os componentes de sistemas financeiros tão "seguros" como os da Alemanha e a se propagar até os Estados Unidos, sendo que a falência anunciada do LTCM estava ligada exatamente a uma especulação mal calculada sobre o rublo.

O terceiro mecanismo opera no plano das bolsas e refere-se ao contágio, de uma praça financeira a outra, das incertezas ou receios dos investidores financeiros relativamente ao valor real do capital que eles possuem sob a forma de ativos financeiros, particularmente ações, mas também obrigações. O aumento da valorização das ações em bolsa pareceu colocar os investidores e os possuidores de ações à frente dos capitais mais importantes. Os níveis de valorização são "irrealistas", como afirma o presidente do FED, Alan Greenspan. Este é ainda mais preciso quando afirma que se está na presença de uma forma de capital que é, de fato, fictícia, de modo que o valor das carteiras de investimento pode evaporar da noite para o dia. O mecanismo de propagação pela transmissão internacional das incertezas, das "reavaliações" das carteiras e do colapso das bolsas tomam duas formas. A mais "benigna", que devastou os países asiáticos em 1998, acha-se circunscrita aos mercados financeiros "emergentes". Ela se refere ao modo como se deu a propagação da suspeita dos investidores financeiros, a partir de uma situação de aumento de risco no mercado, em direção a todos os países que se encontravam potencialmente na mesma situação. A outra forma, cujo grau de gravidade não pode ser avaliado antes que ela se produza, diz respeito à propagação do colapso das bolsas em escala mundial, com reflexos mesmo nas bolsas mais fracas ou momentaneamente vulneráveis, tendo como pivôs Wall Street e Chicago, que são os epicentros determinantes de toda a crise do sistema de bolsas mundial.

Atualmente, os comentaristas festejam a vitalidade do consumo interno dos Estados Unidos e o vigor físico que os investidores de Wall Street, particularmente os individuais, continuam exibindo. Contudo, é unânime a percepção de que a situação econômica mundial está presa por um fio tão frágil que mais cedo ou mais tarde irá se romper. O grau de internacionalização dos bancos e dos grupos industriais americanos tornou sua lucratividade extremamente dependente da conjuntura mundial, bem como de outros fatores relativos à economia internacional. Em setembro de 1998, foi diretamente de Wall Street que partiu o movimento internacional de queda nas bolsas. A forte baixa das cotações deveu-se tanto à vulnerabilidade dos grandes bancos americanos na Rússia quanto à súbita tomada de consciência do elevado grau de dependência dos ativos de Wall Street às vicissitudes mundiais. É inevitável que isto se reproduza.

Após a experiência de duas décadas de um capitalismo triunfante, a clara perspectiva de uma recessão mundial que se arrasta sorrateiramente, ao longo da qual o produto bruto mundial cairá a quase zero, como a grande possibilidade de uma crise mundial muito mais grave, provocada por um colapso em Wall Street, recolocam a questão do custo social e humano exorbitante do capitalismo e, portanto, da necessidade de se buscar uma saída. Conclusão que está longe das posições pessoais de James Tobin? Pode ser, mas ao nos depararmos com o brilho de suas entrevistas, a evolução do pensamento de Tobin não parece estar congelada. Conclusão, em todo caso, que para mim deriva da análise dos fundamentos da liberalização e da mundialização financeiras e das conseqüências que delas emanam.

Notas

1 Olivier Davanne, *Instabilité du Système Financier International*, La Documentation française, (série Repports du Conseil d'Analyse Économique), Paris, novembre 1998. O Conselho de Análise Econômica foi criado em 1997 subordinado ao primeiro-ministro.

2 A plataforma da ATTAC encontra-se à disposição no seu site na internet: http://attac.org ou na secretaria da associação: 9, Rue de Valence, 75005, Paris.

3 O Acordo Multilateral de Investimentos, A.M.I., é uma proposta de tratado que concede aos investimentos estrangeiros direitos e privilégios exorbitantes face aos assalariados, às leis e ao conjunto da sociedade. A negociação desse projeto estava em curso na Organização para a Cooperação e Desenvolvimento Econômico, OCDE, quando foi interrompida, em outubro de 1998, depois da retirada do governo francês da negociação. Na França, a campanha de oposição foi conduzida pela união nacional contra o A.M.I. Uma análise detalhada do projeto pode ser encontrada na mesma coleção deste livro. Ver Observatoire de la Mondialisation, *Lumière sur l'A.M.I.*, *le Test de Dracula*, l'Esprit frappeur, 1998.

4 Ver os artigos de Michel Husson, Dominique Plihon e Jacques Nikonoff no *Le Monde Diplomatique* de fevereiro de 1999. Os três autores são membros do Conselho Científico da ATTAC, bem como do grupo de trabalho sobre os fundos de pensão.

5 Ver Howard. M. Watchell, "Trois taxes globales pour maîtriser le capital" em *Antomie de la Crise Financière, Manière de Voir*, n° 42, novembre-décembre 1998.

6 Momentaneamente porque os arquitetos do projeto do A.M.I. e os grupos capitalistas (sociedades transnacionais e investidores financeiros) que dele se beneficiariam, não desistiram de insistir para que ele fosse adotado por outros organismos que não a OCDE. Um deles é a Organização Mundial do Comércio, O.M.C., que, pressionada pelos Estados Unidos, muito provavelmente dará início a uma nova rodada de negociações no ano 2000, tendo esse projeto na ordem do dia. A outra é a pretendida Nova Parceria Transatlântica, isto é, uma zona de livre comércio, que é ao mesmo tempo o sonho de um condomínio mundial americano-europeu, cuja negociação entre os Estados Unidos e a União Européia está prevista para os próximos meses. Antecipando-se a isso, a "união nacional contra o A.M.I." acrescentou a seu nome inicial e "seus clones".

7 Em 1944, foi realizada uma conferência em Bretton Woods, Estados Unidos, na qual foi firmado um acordo sobre a criação de um sistema

monetário, cujo objetivo era superar a instabilidade monetária e financeira crônica desde os anos 20 e 30. O Fundo Monetário Internacional, FMI, nasceu desta conferência e tinha, inicialmente, apenas o papel de um modesto auxiliar dos Estados Unidos na resolução de problemas passageiros de financiamento de déficits na balança de pagamentos.

8 "A intermediação" bancária é a atividade pela qual os bancos servem de intermediários entre aqueles que têm disponibilidades financeiras para emprestar e outros que delas necessitam. A "desintermediação" rompe esta relação criando um mercado financeiro específico no qual os credores da liquidez podem se colocar em contato com os tomadores de empréstimo potenciais sem passar pelo sistema bancário.

9 O exemplo mais espetacular foi a falência, em 1995, do Banco Barings de Londres, depois que sua filial asiática foi malsucedida nas especulações sobre a evolução da Bolsa de Tóquio. Mas a acumulação de dívidas pelo Crédit Lyonnais originou-se também de atividades que eram geralmente atribuídas aos fundos especulativos.

10 Ver *Financial Times*, 23 de fevereiro de 1998, suplemento "Global Investment Banking". Esses rendimentos são, pois, mais altos do que os lucros líquidos da produção de grandes grupos industriais.

11 Taxation and Economic Performance, OCDE, 3 mars 1997, citado no estudo de Howard Watchell (veja nota 4 acima).

12 J.P. Fitoussi — Le débat interdit: monnaie, Europe, pauvreté, Arléa. Paris, 1995.

13 O inglês John Maynard Keynes (1883-1946) foi o mais importante economista do século XX. Foi crítico virulento dos economistas liberais e defensor da intervenção do Estado na economia, principalmente para assegurar um nível de investimento suficiente para atingir o pleno emprego. A referência ao caráter opressor do capital dinheiro encontra-se no último capítulo de seu livro mais importante, *A Teoria Geral do Emprego, dos Juros e da Moeda*, publicado em 1936.

14 Dominique Plihon, "Déséquilibres mondiaux et instabilité finacière: la responsabilité des politiques libérales", no livro organizado por François Chesnais, *La Mondialisation Financière, Genèse, Coût et Enjeux*, Éditions Syros, Collection Alternatives économiques, Paris, 1996. Este livro permanece uma referência exemplar sobre a gênese e os fundamentos da mundialização financeira.

15 Comission de Finances de l'Assemblée Nationale. *Rapport sur le projet de budget pour 1995*, Assemblée nationale, nov. 1994, Imprimerie nationale, Paris.

16 Projet de loi de finances pour 1999, Rapport économique, social et financier, octobre 1998, Imprimerie nacionale, Paris. Veja, em particular, as páginas 142 a 146, bem como o gráfico da página 151.

17 *FMI, International Capital Markets, Part 1, Exchange Rate Management and International Capital Flows*, IMF, Washigton, D.C., 1993.

18 Veja Banco para Pagamentos Internacionais (BIS), 68e Rapport annuel, Basiléia, 8 juin 1998, páginas 90 à 94. Para os dados do PIB ver CEPI, L'économie mondiale 1998, Éditions La Découverte, collection Repères, Paris, 1998.

19 Atualmente, na França, a forma de funcionamento desse processo conhecido pelo doce eufemismo de "novo governo de empresas" (aquele dos acionistas e não mais dos administradores), foi estabelecida num relatório de Marc Viennot, presidente da Société Générale, que recomendou a adoção "voluntária", pelas empresas francesas, das entidades de classes dos acionistas no interior das empresas estabelecidas nos Estados Unidos. Depois de algumas resistências, 80% das empresas francesas estimadas afirmam seguir aquela recomendação do relatório *Viennot*. Mas é preciso avançar mais. Dentro do espírito do autor da lei Thomas, o senador Marini se prontificou a preparar um projeto de lei com vistas à substituição da lei de 1966 sobre as empresas.

20 Henri Bourguinat, *La Tyrannie des Marchés, Essai sur "L' Économie Virtuelle"*, Economica, Paris, 1995.

21 A seqüência deste capítulo deve-se à análise feita por Suzanne de Brunhoff e Bruno Jetin em um dos capítulos do livro a ser publicado pela Editora Syros — *Finance, Production et Crise* — organizado por Francois Chesnais e Domeníque Plihon, logo após a realização do seminário "Appel des Économistes pour Sortir de la Pensée Unique". Suzanne de Brunhoff e Bruno Jetin são membros da Comissão Científica da ATTAC e membros do grupo de trabalho sobre os mercados financeiros. Evidentemente, o autor do presente livro é o único responsável pela apresentação do tributo e das críticas a ele relativas, tal como exposto aqui. O trabalho mais recente que apresenta uma perspectiva de conjunto, do qual James Tobin participou pessoalmente, e que envolve uma discussão sobre o tributo e sua operacionalização, foi o que resultou de um seminário internacional realizado em 1995, cujo tema era A Viabilidade do tributo. Este trabalho foi publicado em livro organizado por Mahibub ul Hag, Inge Paul e Isabelle Grunberg — *The Tobin Tax: coping with Finacial Volatility* — Oxford University Press, 1996.

22 Ver Dominique Plihon, *Les Taux de Change* (nova edição, revista e atualizada). Éditions La Découverte, colletion. Repères, Paris, 1999.

23 Em contrapartida, o termo "economia de mercado" serve, atualmente, apenas de eufemismo cujo objetivo é mascarar o fato de que vivemos em uma economia na qual a propriedade privada dos meios de produção (...) permite a concentração dos poderes de decisão mais

importantes para a vida das pessoas em poucas mãos que são cada dia menos numerosas na medida em que se acelera a fusão dos grupos industriais.

24 Os defensores do atual regime cambial aceitam, no máximo, legitimar as "faixas de flutuação das relações de câmbio entre as moedas" ou "bandas cambiais" (um sistema adotado pela maioria dos países da União Européia logo após as crises cambiais de 1992 e 1993. A propósito, seria útil consultar Dominique Plihon sobre as taxas de câmbio, em livro citado anteriormente (veja nota 2).

25 Entre os quais os paraísos fiscais como Luxemburgo, as ilhas anglo-normandas e a ilha de Man.

26 Os "trading room" dos bancos são muito caros. Seus custos envolvem as despesas com recursos humanos, com capital e despesas financeiras como os capitais que servem de garantia às transações.

27 Por exemplo, 5% ao invés de 0,10%.

28 "Porquoi la tax Tobin". Texto elaborado a partir do Seminário Internacional de Economistas, reunidos pela ATTAC, realizado na Maison de l'Amérique Latine, em Paris, no dia 25 de janeiro de 1999. Este texto pode ser obtido via internet no site da ATTAC (veja nota 2).

29 ATTAC, que surgira apenas há um ano na França, realizou o seu primeiro encontro internacional em Paris de 23 a 26 de junho de 1999. Nada menos de 71 países mandaram representantes de seus movimentos sociais e políticos. ATTAC/Brasil enviou representantes de seis Estados, num total de 21 pessoas (dirigentes de ONGs, de Sindicatos de trabalhadores, da CUT, do MST, parlamentares etc). Para mais informações, veja nota 2 acima.

30 Vide "Porque a Contribuição Tobin", referência na nota 27.

31 É exatamente o que defende Howard Watchell no artigo citado acima (veja nota 5)

32 No contexto da liberalização e da regulamentação financeiras, os bancos centrais deixaram, de forma licenciosa, que os bancos apresentassem um balanço formal de seus ativos e passivos, mantendo "fora do balanço", e sigilosas, as operações de maior risco e, no caso de resultados favoráveis, aquelas mais rentáveis. Os "banqueiros da velha- guarda" preocupados, disseram que os "fora do balanço" constituíam os vetores da crise financeira. As crises dos frágeis sistemas financeiros dos países "emergentes" da Ásia lhes deram razão.

33 O fato de Olivier Davanne ter sido, entre os vários outros postos que ocupou em Bercy e nos gabinetes ministeriais (como em Martine Aubry), representante do banco de investimentos americano Goldman Sachs, contribui para explicar sua enorme benevolência com o capital financeiro internacional.

34 Cabe evocar o mecanismo que está por trás do pagamento que a França faz ao FMI, a título de sua cota-parte, bem como a todos os novos fundos de intervenção financeiros destinados a dar garantias aos investidores institucionais contra os riscos resultantes de falências e inadimplências de países ou bancos devedores. É o mecanismo que recai sobre as categorias sociais que não podem fugir do imposto colocando seu dinheiro nos bancos dos paraísos fiscais, a "segurança das aplicações" para os capitais que são livres para investir onde querem.

35 Vide artigo do deputado "Réflexion faite, oui aux fonds de pension", *Le Monde*, 13 novembre 1998.

36 A caracterização se impõe, contudo, como demonstrou Jean-Marie Harribey. Vide "Répartition ou capitalisation, on ne finance jamais sa propre retraite", *Le Monde* (supplément économique du lundi), 3 novembre 1998.

37 Vide Henri Bourguinat, *Finance Internationale*, Presses Universitaires de France, collection Themis, Paris, 1992.

38 A viabilidade do sistema de previdência por repartição é demonstrada com rigor no trabalho de Michel Husson publicado por *Le Monde Diplomatique* (veja a referência na nota 4). O papel do sistema por repartição, como das outras contribuições sociais, na luta contra o desemprego e na defesa política dos assalariados frente ao capital, foi novamente discutido por Bernard Friot em seu livro mais recente, *Et la Cotisation Sociale Créera l'Emploi*, Éditions La Dispute, Paris, 1999.

39 Trade and Development Report 1998, UNCTAD, Nations Unies, Genève, octobre 1998.

François Chesnais é professor associado de Economia Internacional na Universidade de Paris-Nord, em Villetaneuse.

Autor de vários livros sobre a mundialização publicou, como autor e colaborador, *La Mondialisation Financière: Genèse, Coût et Enjeux*, Syros, 1996. É de sua autoria *La Mondialisation du Capital*, Syros, 1997.

François Chesnais é também editor responsável da revista *Carré Rouge,* membro do *L'Observatoire de la Mondialisation* e da Comissão Científica da ATTAC.

COPY SERVICE Indústria Gráfica Ltda.
Rua Elba, 534 - Ipiranga - CEP 04285-000
Tel.(PBX) 215.5800 - Fax 215.0696 - São Paulo - SP